Femke I

Gel

Voorbij de hyperconsumptie, haast en hufterigheid

2008 Uitgeverij Bert Bakker Amsterdam

Eerste druk november 2008
Tweede druk november 2008

Omslagontwerp en typografie Irma Boom
Foto auteur Merlijn Doomernik
www.uitgeverijbertbakker.nl
ISBN 978 90 351 3365 5

Uitgeverij Bert Bakker is onderdeel
van Uitgeverij Prometheus

I passed by your garden,
saw you with your flowers
The Magnolias, Camellias and
Azaleas so sweet
And I stood there invisible in
the panicking crowds
You looked so beautiful in
the rising heat

NICK CAVE [1]

Inhoud

Inleiding

Niemand wil een sukkel zijn

Tijdens de vakantie vroeg mijn vierjarige zoon onophoudelijk om nieuwe sportschoenen. Op school had hij oudere jongetjes zien voetballen op schoenen met strepen en het had zich in zijn kinderhoofdje vastgezet dat hij op hen wilde lijken. Zoals zo veel ouders zwichtte ik na dagen van onderhandeling en kocht een paar Adidas-schoenen voor hem. Op de eerste schooldag in het nieuwe jaar rende hij de klas in naar zijn vriendje en stak triomfantelijk een been in de lucht: 'Kijk, nieuwe sportschoenen!' Het is niet moeilijk om je de onderhandelingen voor te stellen die zijn vriendje de dagen daarna met zijn ouders voerde, waardoor ze nu op dezelfde schoenen rondlopen. Overigens hebben de aandacht en de onderhandelingen zich inmiddels verlegd naar een voetbalshirt en – God verhoede het – een PlayStation. Ik ben vastbesloten deze keer stand te houden. De vraag is hoe lang.

Ik ben een consument zoals de meesten van ons. Op verveelde momenten speur ik internet af op zoek naar koopjes. Via de glossy's ben ik op de hoogte van alle modetrends en – ondanks goede voornemens – val ik elk seizoen wel een keer voor een kledingstuk dat een jaar later ongedragen naar de kledingkast van een vriendin verhuist. Bijna elke vrije zaterdagochtend, als ik de verplichte weekboodschappen doe, kom ik thuis met een 'traktatie' voor mezelf: overbodige keukenspullen, een nieuw boek dat op de stapel 'ongelezen' gaat, kleding of make-up. Soms is het excuus dat ik het 'echt' nodig heb, meestal vind ik dat ik het 'verdiend' heb na een week te hard werken. Af en toe schaam ik me zo over een impulsaankoop dat ik 'm wegmoffel in een kast om te verstoffen.

Consumeren is lekker. Het troost en het is de kortste route naar een gelukkiger leven. Met make-up en kleding beloof ik mezelf een stralend en zelfverzekerd uiterlijk, keukenspullen zijn het begin van aandachtige en liefdevolle avonden koken voor vrienden, en met elk nieuw boek neem ik me voor dat de tv 's avonds uitblijft. Als ik na verloop van tijd de beloften niet heb waargemaakt, begin ik fris met nieuwe aankopen en nieuwe voornemens.

Zoals de meesten van ons ben ik ook een consument met schuldgevoel. Als de postbode een internetpakketje aflevert kijk ik schuldbewust naar mijn partner, of deel hem ongevraagd en beschuldigend mee dat hij een paar weken geleden ook iets voor zichzelf kocht. Net als al die andere consumenten weet ik heel goed dat ik mezelf voor de gek houd. Terwijl ik geleidelijk bezwijk onder de potentiële hobbyartikelen en overbodige luxegoederen, verandert mijn levensstijl nauwelijks. Het omgekeerde is eerder het geval. Hoewel bijna elk consumptieartikel wordt gekocht om meer te ontspannen, beter te eten en gezonder en tevredener te leven, is juist mijn koopgedrag de afgelopen jaren mijn leven meer gaan beheersen. De drempel voor een nieuwe aanschaf is lager geworden en de vanzelfsprekendheid van 'even shoppen' groter. Consumeren heeft een groter beslag gelegd op mijn financiën en schaarse vrije tijd.

Bovendien ben ik (zeker als groene politicus) donders goed op de hoogte van de negatieve sociale en ecologische kanten van mijn koopgedrag. Hoewel consumptie ook leidt tot versterking van kwetsbare derdewereldeconomieën en grotere economische stabiliteit, weet ik dat sommige van mijn zaterdagochtendimpulsaankopen rechtstreeks uit China komen, en dat in Chinese sweatshops arbeiders worden uitgebuit. Ik weet dat in China en elders in Azië, maar ook in Europa en Amerika op grote schaal kolen- en kerncentrales worden gebouwd, omdat de productie van consumptieartikelen ons energieverbruik opjaagt. Ik ben mij er van bewust dat de klimaatverandering verband houdt met mijn in Azië geproduceerde, in Italië ingepakte en in Nederland gekochte nieuwe schoenen. Zoals ik heel goed weet dat mijn eet-, reis- en vrijetijdsgewoonten kunnen bijdragen aan oerwoudkap, vermindering van biodiversiteit, verwoestijning en uiteindelijk tot sociaal conflict en oorlogen over de schaarste die er het gevolg van is.

Maar die wetenschap maakt mij nog niet tot een beter mens. De kans is aanzienlijk dat ik de eerstvolgende zaterdag toch weer val voor mooi geëtaleerde en aantrekkelijk geprijsde kleding. De wetenschapper en voormalige politicus Robert Reich beschrijft treffend de tegenstrijdigheden in ons handelen. Hij zegt: ‘Nee hoor, wij zijn hartstikke druk bezig. Voordeeltjes te behalen. Ikzelf net zo goed hoor. Ik reis flink wat en ik selecteer mijn reizen op basis van prijs: ik wil de goedkoopste vlucht. Het deel van mijn hersens dat ik maar even mijn “burgerdeel” noem, wil graag de vakbondsleden van de grote luchtvaartmaatschappijen steunen. Dat vind ik belangrijk. Maar het consumentendeel van mijn hersens wil gewoon het laagste tarief betalen.’ En op de vraag van de interviewer welk deel van hem wint, antwoordt Reich: 'Precies hetzelfde deel dat overal in een superkapitalistische wereld wint: de koopjesjager.'[2]

Of je nu met of zonder schuldgevoel, wel of niet bewust consumeert, tegenstrijdigheid in ons handelen kennen we allemaal. Vrijwel elke Nederlander weet – met dank aan documentairemaker Teun van der Keuken – dat aan veel chocolade slavenarbeid te pas komt. Toch zegt niemand, op de moreel hooggestemde enkeling na, nee tegen gepresenteerde chocolademousse of -bonbons. Als ik mijn eigen consumptiegedrag als maatstaf neem, dan weet ik dat 'het geheven vingertje' onvoldoende helpt. Het moraliseren van onze slechte gewoonten en het bestraffend veroordelen van onze consumptiepatronen leidt tot schuldgevoel, dat zeker. Onze stijl van leven blijft uiteindelijk toch in grote lijnen dezelfde.

Daarmee is niet gezegd dat een moreel appèl onbelangrijk is. We weten bijvoorbeeld uit de recente geschiedenis van het milieubeleid dat de herhaalde confrontatie met de akelige gevolgen van het gooien van vuilnis op straat of van nodeloze energieverspilling, wel degelijk leidt tot de geleidelijke aanpassing van ons gedrag. Regelmatig worden blootgesteld aan het afschuwelijke leed van dieren in de bio-industrie leidt bij veel mensen – zoals bij mij – tot het eten van minder, en uitsluitend biologisch, vlees. Voorbeelden van de kwetsbaarheid van 'de politiek van het morele appèl' kunnen echter met evenveel gemak worden gevonden. Sinds het midden van de jaren negentig doen bijvoorbeeld achtereenvolgende premiers en ministers een beroep op topmanagers om op te houden met de 'exhibitionistische zelfverrijking' (zoals premier Kok het in 1997 noemde). Maar tegen de verleiding van een jaarlijks, fors stijgend inkomen blijken weinig managers bestand: de topinkomens stegen de laatste 25 jaar gemiddeld met 7,2 procent (en uitschieters van 24 procent zoals in 2007) en de modale inkomens bleven daarop achter met een gemiddelde stijging van 2,3 procent.[3]

Alleen een moreel appèl is onvoldoende om de noodzakelijke, duurzame verandering van onze levensstijl te bewerkstelligen. Op de vraag waarom Reich niet stopt met het vliegen met prijsvechters, antwoordt hij: 'Omdat ik niet weet of anderen dat ook doen. [...] Zolang ik als enige een opoffering doe, ben ik niets anders dan de enige sukkel.' Reich geeft hiermee een belangrijke verklaring voor onze consumptiepatronen.

Wij consumenten zijn niet slecht of immoreel, maar we calculeren en hopen zo de beste keuze te maken. Wij denken dat we ons eigenbelang met ons consumptiegedrag het beste dienen, terwijl we gezamenlijk juist ons eigenbelang – en ons gemeenschappelijke belang – kunnen schaden. Wij zijn dikwijls rationeel op zoek naar individueel geluk en hebben onvoldoende in de gaten dat dit tegelijkertijd kan leiden tot gezamenlijk ongeluk, en op termijn tot vermindering van ons individuele geluk.

Met consumptie is weinig mis. Meer consumptie betekent een grotere productie van goederen en beide zorgen voor economische groei, welvaart en werkgelegenheid. Massale consumptie heeft ook negatieve gevolgen, hoewel dat lang niet voor alle consumptiegoederen geldt: je kunt dagelijks uit eten gaan of je laten masseren, zonder de planeet of de samenleving onder druk te zetten. Maar voor veel goederen geldt dat de maximale economische groei en de grondstoffen die ervoor vereist zijn, leiden tot de wereldwijde uitputting van onze natuurlijke hulpbronnen, de onomkeerbare aantasting van ons milieu en vergroting van de wereldwijde kloof tussen arm en rijk. Klimaatverandering is een rechtstreeks gevolg van onze wijze van produceren en consumeren, en vormt tegelijkertijd op termijn de grootste bedreiging voor het behoud van onze welvaart en ons welzijn.

De negatieve gevolgen worden groter omdat wij in de moderne 'consumptiesamenleving' al lang niet meer uitsluitend produceren wat we nodig hebben. Economische groei wordt geforceerd door het creëren van kunstmatige behoeften. De industrie zorgt ervoor dat wij consumenten onophoudelijk nieuwe verlangens en behoeften ontwikkelen. Een grappig voorbeeld daarvan geeft de econoom Robert H. Frank in zijn boek *Luxury Fever* als hij op zoek moet naar een nieuwe barbecue. Zijn oude barbecue, die in de jaren tachtig 90 dollar kostte, vertoont allerlei mankementen. Reparatie zou wel mogelijk zijn, maar duurder dan de gehele barbecue destijds. Omdat hij de markt van barbecues niet in de gaten heeft gehouden is hij stomverbaasd als hij in de winkel staat. De *Viking Frontgate Professional Grill* kost maar liefst 5000 dollar. Een stuk goedkoper is *Weber-Stephens Summit Grill* van 3000 dollar, en gelukkig heeft de fabrikant nog een kaal modelletje voor 'slechts' iets meer dan 1000 dollar. Na veel zoeken en het vergelijken van prijzen slaagt hij erin om een barbecue van 700 dollar te vinden, maar ontevredenheid heeft zich van hem meester gemaakt omdat hij nu weet dat hij voor veel geld een minderwaardige barbecue bezit.[4]

Hyperconsumptie betekent dat luxegoederen een belangrijke culturele en symbolische betekenis hebben gekregen. Het bezit ervan is veelal de kortste route naar individueel geluk, status en succes. Net zoals maatschappelijk succes kan leiden tot welvaart en tot de mogelijkheid om luxegoederen te kopen, zijn luxegoederen omgekeerd ook een graadmeter geworden voor onze maatschappelijke posities. In het uiterste geval kan het bezit van luxegoederen ook de plaats innemen van maatschappelijk succes, of het ontbreken ervan verhullen. Zo kan aan het bezit van een duur huis krampachtig worden vastgehouden omdat het een façade van welvaart en succes is, hoewel de stookkosten en het onderhoud niet meer kunnen worden betaald. Het bereiken van geluk en maatschappelijke erkenning zijn onze belangrijkste drijfveren als wij nieuwe kleding, een nieuw mobieltje of een nieuwe auto aanschaffen. Nieuw bezit maakt ons inderdaad – zij het vaak kortstondig – gelukkig. Robert H. Frank laat echter zien dat het verlangen naar nieuwe luxe belangrijker is dan het bezit ervan. Van het pas gekochte mobieltje is de nieuwigheid snel af. Voor we het weten zijn er modellen op de markt waarbij ons kersverse exemplaar gedateerd afsteekt, en verlangen we naar vervanging.

Een hyperconsumptieve samenleving drijft op de onvervulde begeerte naar nieuw bezit. Als het verlangen is vervuld, dan verdwijnt het kortstondige geluk en maakt dat plaats voor nieuw verlangen. De som van ons gezamenlijke consumptieve gedrag is bij hyperconsumptie veel meer dan de afzonderlijke delen van onze aankopen, temeer daar consumentisme de afgelopen decennia ook een 'ideologie' is geworden die door de overheid en door de markt enthousiast wordt uitgedragen. Met als oogmerk dat de markt het verlangen van consumenten goed moet bedienen, hebben regeringen in de gehele westerse wereld, en dus ook in Nederland, vrijhandel, deregulering en privatisering nagestreefd. Grote supermarktketens zijn er bijvoorbeeld, mede daardoor, in geslaagd hun artikelen goedkoper te maken en tegelijkertijd de winsten op te drijven.

Voor ons als consumenten (en beleggers) is de internationale prijzenslag en de toegankelijkheid van luxe heel prettig. Voor ons als burgers is dat minder het geval. Niet zelden leidt het tot kwetsbare posities van werknemers (door lage lonen en vage arbeidsvoorwaarden) en zien leveranciers zich genoodzaakt om personeel te ontslaan en te 'outsourcen' naar het buitenland.[5] Dat wringt eens temeer als de ideologie van het consumentisme zich verplaatst naar de publieke sfeer. Ook daar zijn overwegingen van kostenefficiëntie en 'verbeterde marktwerking' gaan overheersen op de kwaliteit van bijvoorbeeld de zorg, het openbaar vervoer en het onderwijs. In het openbaar vervoer leidt de concurrentie tussen vervoersmaatschappijen soms (maar lang niet altijd) tot lagere tarieven maar dit gaat ook gepaard met het verdwijnen van verbindingen waarvan minder gebruik wordt gemaakt. Dit brengt, om met Reich te spreken, het consumentendeel van onze hersenen in een continu conflict met het burgerdeel. Als consument zijn wij misschien tevreden met de grote variatie in luxeartikelen en de relatief lage prijzen die we daarvoor moeten betalen. Als burger echter worstelen we met een gekrenkt besef van rechtvaardigheid en de boze vaststelling dat we in 'publieke armoede' leven.

De filosoof Harry Kunneman stelt dat (uitsluitend) een beroep op toekomstige gevaren en op het lot van minderbedeelden tekortschiet, 'hoe reëel die gevaren ook zijn en hoe miserabel het lot van degenen die uitgesloten worden feitelijk ook is'. De huidige leefstijl is, of lijkt daarvoor eenvoudigweg te comfortabel: 'De meerderheid van de bevolking in welvarende landen (wil) vooralsnog net zo hard vasthouden aan consumptieve verworvenheden en onbeperkte economische groei als de bevolking van "ontwikkelingslanden" ernaar streeft om die voor zichzelf en hun kinderen binnen bereik te brengen.' Volgens Kunneman is de enige koers die op termijn tot verandering leidt, die waarin een andere levensstijl en 'meer vitaliserende vormen van bestaan' toegankelijk en even aantrekkelijk worden.[6]

Consumptiecritici doen vaak een beroep op de eigen verantwoordelijkheid van consumenten. Je matigen en 'consuminderen' zijn dan het recept tegen uitputting van de aarde en het verminderen van de armoede en het sociale conflict in de derde wereld. Hoewel wijziging van onze individuele levensstijl op termijn onvermijdelijk zal zijn, miskent de nadruk op de eigen verantwoordelijkheid dat hyperconsumptie vooral een economisch, maatschappelijk en politiek probleem is. Hyperconsumptie wordt aangejaagd door reclame en marketing, door de onderlinge competitie van producenten en consumenten, en het wordt gevoed en gerechtvaardigd door politici. Dagelijks wordt ons voorgehouden dat geluk en maatschappelijke erkenning kunnen worden bereikt door onze welvaart, onze koopkracht en ons consumentenvertrouwen omhoog te stuwen. Een alternatieve route naar individueel en gezamenlijk geluk wordt ons zelden aangereikt.

In dit essay verken ik deze alternatieve route. Hoewel er een dik boek is te schrijven over de grote en akelige internationale gevaren van onze huidige consumptiepatronen, besteed ik daaraan minder aandacht en blijf ik dichter bij huis. In het eerste deel worden de nadelen van onze levenswijze beschreven. Ik laat zien hoe ons land geleidelijk verandert in een competitieve en harde samenleving waarin de macht van snel verdiend geld en leven op krediet bepalend zijn. Dat is ook een samenleving waarin kwetsbare mensen achterblijven, wellevende omgangsvormen het onderspit delven en de publieke sfeer het kind van de rekening wordt.

Geluk en maatschappelijke erkenning zijn belangrijke en nastrevenswaardige, culturele waarden. In het tweede deel van dit essay laat ik zien op welke wijze deze waarden behouden en versterkt kunnen worden, juist door de politieke en economische koers van hyperconsumptie te verleggen. Ik schets het alternatief van eerlijker economische verhoudingen en een solidaire en gelukkige samenleving en geef aan onder welke politieke voorwaarden dit alternatief gestalte kan krijgen.

Hyperconsumptie, haast en hufterigheid

1
Hyperconsumptie

'And I encourage you all
to go shopping more'

GEORGE W. BUSH[7]

Er hangt recessie in de lucht. De Verenigde Staten worden geteisterd door een kredietcrisis die dreigt uit te monden in een diepe economische recessie. Door de economische onzekerheid in Amerika worden ook in Europa en Nederland economen en politici nerveus. En inderdaad, als de Amerikaanse economie echt in zwaar weer terechtkomt, dan kunnen hier pessimistische scenario's bewaarheid worden.

Oppervlakkig beschouwd lijkt de kredietcrisis een Amerikaans verschijnsel, veroorzaakt door de typische *American way of life*. De crisis markeert het voorlopige dieptepunt in de ratrace naar maximale welvaart en meer consumptiegoederen. In Europa en Nederland heeft deze ratrace zich tot nu toe niet zo intens voorgedaan, waardoor wij misschien minder geraakt worden door de desastreuze gevolgen ervan.

Inmiddels weten we ook dat we ons niet rijk hoeven te rekenen. In een internationale, concurrerende economie kun je je nationale welvaart nauwelijks beschermen tegen invloeden van buitenaf. Bovendien vertonen onze economie en consumentistische levensstijl meer Amerikaanse trekken. Het is zinvol om de crisis in Amerika te analyseren als een voorbode van onze eigen kwetsbaarheid.

De afgelopen jaren is onder leiding van president Bush het begrotingstekort snel opgelopen. De oorlogen in Irak en Afghanistan waren kostbaar en daarbij hebben de hoogste inkomens in de Verenigde Staten forse belastingverlagingen cadeau gekregen. Het ruime begrotingsoverschot dat Bush erfde van president Clinton sloeg om naar een tekort. Door de bestedingsdrift van de afgelopen jaren en de bereidheid van het buitenland om Amerikaanse tekorten te financieren, bleef de economische conjunctuur positief. De werkloosheid nam de laatste jaren af, waardoor de overheid extra belastinginkomsten kreeg. Daardoor is het tekort op de Amerikaanse begroting nu nog ongeveer 2 procent. Als de financiële crisis daadwerkelijk leidt tot een economische recessie, zal het tekort verder oplopen.

De belasting- en renteverlagingen zijn medicijnen die de komst van de crisis vertragen en de economische pijn tijdelijk verlichten. Nu wreekt zich echter dat de structurele problemen niet zijn aangepakt. Het is namelijk niet alleen de Amerikaanse kapitaalmarkt die in een crisis verkeert, maar ook de samenleving die in haar consumptiedrift is ontspoord. Jarenlang hebben de Amerikanen op te grote voet geleefd. Amerikaanse consumenten hebben zich op grote schaal diep in de schulden gestoken om grotere huizen, auto's en andere luxegoederen te kunnen kopen. Om meer geld te kunnen besteden zijn Amerikanen gemiddeld meer uren gaan werken. Zij namen vaker twee banen waardoor zij minder vrije tijd overhielden, gingen vaker scheiden, maar konden wel meer consumeren.

Consumptie is diep in de Amerikaanse samenleving verankerd. In *The Theory of the Leisure Class* introduceerde Thorstein Veblen een eeuw geleden de term *conspicuous consumption*. Veblen bedoelde daarmee de opzichtige rijkdom van de nieuwe rijken van de industriële revolutie. Zij schaften consumptiegoederen niet alleen aan omdat die een persoonlijk nut hadden en het leven gemakkelijker maakten, maar ook omdat deze hun rijkdom demonstreerden. Ook de besteding van vrije tijd werd een kwestie van opzichtige consumptie. Door peperdure en protserige bals te organiseren, vergaarden de nieuwe rijken status. Consumptie was minder bedoeld om het individuele welzijn en geluk te verhogen, het ging vooral om de status die het opzichtig etaleren van geld en goederen gaf. Onderlinge concurrentie in inkomen en status dreef de consumptie verder op.

Sinds een groot aantal jaren is opzichtige consumptie niet meer beperkt tot de allerrijksten. De Amerikaanse consumptiesamenleving draait in belangrijke mate op onderlinge vergelijking. Als de rijke hotelerfgename Paris Hilton provocerend haar nieuwste schoenen, tassen, sieraden en kleren toont, wil niemand achterblijven. Op websites als Asseenontv.com worden de (goedkopere kopieën van) kleding, verzorgingsproducten, meubels en luxeartikelen van film- en popsterren in grote, wereldwijde oplagen verkocht. Het blingbling van beroemde rappers doet miljoenen jongeren verlangen naar dezelfde sieraden, huizen en vrouwen als accessoire, en niet zelden willen ze grote risico's nemen om deze te krijgen.

Keeping up with the Joneses, als gevleugelde Amerikaanse uitspraak, is een motto voor alle inkomensgroepen. Als de buurman zich een nieuwe auto kan veroorloven, wil jij uiteindelijk ook je oude bak inruilen, ook al rijdt die nog prima. Mensen willen niet voor hun buren onderdoen, ongeacht de sociaaleconomische klasse waarvan ze deel uitmaken.

Concurrentie in consumptie stimuleert de welvaart van een land. De concurrentie heeft echter ook sociale en economische schaduwzijden en deze worden vooral de laatste decennia zichtbaar. Vanaf de Tweede Wereldoorlog tot midden jaren zeventig was de inkomensgroei in de Verenigde Staten evenwichtig verdeeld. De laagste inkomensgroepen, de middengroepen en de 20 procent rijkste mensen verdubbelden allemaal hun inkomen. Die evenwichtige inkomensgroei werd gespiegeld in het consumptiegedrag. Niet alleen de levensstandaard van de rijken ging omhoog, maar ook de armen konden zich betere huizen veroorloven en kregen meer consumptiemogelijkheden. Vanaf midden jaren zeventig vertraagde de economische groei en raakte deze veel ongelijker verdeeld. De laagste inkomens gingen er in inkomen nauwelijks meer op vooruit, terwijl de allerrijksten de grootste inkomensgroei kregen. Als daar de belastingheffingen bij worden geteld, dan is de inkomensontwikkeling sinds de jaren zeventig nog onevenwichtiger. De top-één-procent zag het inkomen in deze periode verdrievoudigen.[8] De laagste inkomens en de middengroepen bleven daar heel ver bij achter.

Met de toenemende tegenstelling tussen de inkomens is de American dream aan diggelen geslagen. Niet alleen bleven de lage en de middeninkomens achter in welvaart, ook de opwaartse mobiliteit van deze groepen op de arbeidsmarkt stagneerde. Zoals Reich het verwoordde in het eerder aangehaalde interview: 'De middenklasse geloofde decennialang in Amerikaanse mythes over opwaartse mobiliteit – nam aan dat ook zij rijk konden worden. Ooit. Maar dat is allemaal veranderd.'[9] Nu zijn de middenklassen zelfs bang voor neerwaartse mobiliteit, zoals de sociologe Arlie Hochschild indringend analyseert in 'The Chauffeur's Dilemma'. Zij beschrijft een chauffeur die een miljonair in een limousine door New York vervoert. De miljonair vraagt hem halt te houden bij een dakloze vrouw die zittend op straat een snee brood met haar kinderen deelt. De chauffeur opent de passagiersdeur, de miljonair loopt naar de vrouw en steelt het brood uit haar handen. Daarna rijdt de auto met de miljonair snel weg, de vrouw nog armer achterlatend dan zij al was. De chauffeur voorin voelt grote weerzin omdat hij weet wat armoede is, maar hij rijdt toch door. Zijn reële angst om zijn kleine inkomen te verliezen levert hem uit aan het roofzuchtige gedrag van zijn rijke baas.[10]

Evenwichtige en gelijkmatige economische groei blijkt van groot belang te zijn voor de waarden die mensen willen steunen. Een hogere levensstandaard voor alle mensen draagt bij aan een open, tolerante en democratische maatschappij. Als mensen merken dat ze er bij evenwichtige verhoudingen gestaag op vooruitgaan, zijn ze in hun consumptiegedrag minder geneigd om zich telkens met anderen te vergelijken. Dan zijn zij ook eerder bereid om via de belastingen te investeren in de verzorgingsstaat en in bijvoorbeeld een schoner milieu.[11]

Met de toename van de economische en maatschappelijke tegenstellingen is ook de competitie in consumptie gegroeid. Juist de groepen die in welvaart zijn gestagneerd, of er zelfs op achteruit zijn gegaan, willen dat niet laten merken aan de buren. Zoals de buren niet laten merken dat zij met dezelfde problemen kampen. Terwijl het dagelijks levensonderhoud duurder wordt en de lonen nauwelijks stijgen, hebben miljoenen mensen zich laten verleiden tot extra hoge hypotheken en leningen. Met hard werken en weinig vrije tijd wordt geprobeerd de schulden binnen de perken te houden, waarbij het kunnen blijven betalen van de rente het hoogste doel is. Dit collectieve gedrag van grote groepen hardwerkende Amerikanen is niet alleen een aanslag op hun welzijn, het heeft ook de kiem gelegd voor de huidige financiële crisis.

Het kapitalisme speelt een belangrijke rol in het ontstaan van de crisis. Bedrijven deinzen minder terug voor agressieve reclamecampagnes die mensen aanzetten tot het kopen van overbodige producten. Financiële instellingen hebben mensen aangespoord om zich daarvoor flink in de schulden te steken. Maar de verantwoordelijkheid van het bedrijfsleven mag ons niet doen vergeten dat vooral (het ontbreken van) politieke beslissingen de oorzaak zijn van de hyperconsumptie en de huidige economische en maatschappelijke onzekerheid. Amerikaanse politici hebben nagelaten om de economische ontwikkeling in maatschappelijk verantwoorde banen te leiden. Er zijn weinig regels om milieuvernietiging tegen te gaan, geen belastingen om milieuonvriendelijk consumptiegedrag te ontmoedigen en geen sociaaleconomisch beleid dat mensen perspectief biedt op een beter leven. Naast de zorgen die mensen hebben over werk en inkomen is wellicht de grootste bron van onzekerheid het ontbreken van een betaalbaar en dekkend stelsel van ziektekostenverzekeringen. In een wereld van razendsnelle technologische ontwikkelingen en internationale concurrentie hebben de topinkomens de vruchten van de globalisering geplukt. In de Amerikaanse politiek is die ontwikkeling niet gecorrigeerd, maar zijn de winnaars met extra belastingkortingen in het zonnetje gezet.

Een vergelijking van Nederland met 'Amerikaanse toestanden' is altijd kwetsbaar. Van oudsher is onze inkomensverdeling evenwichtiger. De verzorgingsstaat vermindert de grootste maatschappelijke tegenstellingen en dempt de onzekerheid van mensen enigszins. Ons nationale stelsel van gezondheidszorg biedt mensen bescherming als zij ziek worden.

Toch bevat de Amerikaanse crisis een ernstige waarschuwing. Sinds een aantal jaren vertonen de uiteinden van onze inkomensverdeling onheilspellende gelijkenissen met de Verenigde Staten. Bij een kleine top van managers groeit ook in Nederland het inkomen uitbundig. Uit een onderzoek van *de Volkskrant* bleek dat de salariskloof tussen werknemers en topbestuurders in 25 jaar is verdrievoudigd. Een directeur die in de jaren tachtig gemiddeld 16 keer een modaal salaris verdiende, verdient inmiddels zo'n 44 keer modaal. Het gemiddelde directeurssalaris van de honderd best verdienende bedrijven steeg in een kwart eeuw van 225.000 euro naar 1,3 miljoen euro. Dat is een stijging van 600 procent.[12]

Het tijdschrift *Quote* haalt zijn jaarlijkse winst uit de publicatie van één nummer: de *Quote 500* met een lijst van de rijkste mensen in Nederland. Vaker – terwijl dat vroeger als 'on-Nederlands' werd beschouwd – is via de media te volgen hoe nieuwe rijken opzichtig hun geld besteden aan luxejachten of kasten van huizen. Inmiddels kent Nederland een glossy *Miljonair* en een jaarlijkse *Miljonairsfair* 'voor de absolute top van het luxesegment'.[13] Opvallend is dat niet maatschappelijke erkenning of culturele waardering hier nog statusbepalend zijn, maar het enkelvoudige bezit van veel geld. Een typisch voorbeeld van nieuwe 'opzichtige rijkdom' was ook de LPF-minister van Economische Zaken Herman Heinsbroek, die meer tijd kwijt was aan de Des Bouvrie-inrichting van zijn werkkamer dan aan het formuleren van economisch beleid. Zijn persoonlijke rijkdom was ook zijn belangrijkste ministerskapitaal.

Sinds de jaren negentig wordt in de politiek hard geoordeeld over de snelle stijging van de topinkomens. Veel verder dan een moreel appèl komt men echter niet. Pas recent heeft de minister van Financiën een paar kleine stappen gezet. Zo worden extreem hoge stortingen in pensioenfondsen extra belast en worden riante vertrekvergoedingen afgeroomd.[14] De minister laat echter na om bijvoorbeeld in een gedragscode een norm te stellen voor de beloningsverhoudingen in ondernemingen.[15]

De meest logische maatregel – het invoeren van een nieuwe belastingschaal voor de hoogste inkomens – is in een kwade reuk komen te staan. Terwijl het verkleinen van de inkomensverschillen decennialang door vrijwel alle politieke partijen is verdedigd als een rechtvaardige correctie op te grote inkomensongelijkheid, is dat door vooral de linkse premier Kok in de jaren negentig gediskwalificeerd als jaloeziepolitiek. Sindsdien accepteren de meeste politici dat de inkomens van de 'top' en de 'gewone' mensen uit elkaar groeien en stellen zij – zoals de huidige minister van Financiën – slechts marginale veranderingen voor.

Het hoeft geen verbazing te wekken dat in Nederland de sociaaleconomische onzekerheid bij de lage en middeninkomens toeneemt. In enquêtes staan de kosten van levensonderhoud steevast in de top drie van zorgen die mensen hebben. Diezelfde gewone mensen hebben zich de afgelopen twintig jaar een ongekende hypotheekschuld op de hals gehaald om mee te kunnen doen aan de gekte op de woningmarkt. De riante hypotheekrenteaftrek jaagt die neiging aan, hoewel de hogere inkomens er onevenredig van profiteren. De totale hypotheekschuld is in Nederland van ongeveer 50 procent van het nationaal inkomen in 1990, gegroeid naar 120 procent. De huizenmarkt is structureel overspannen, met torenhoge prijzen tot gevolg. Vooral jonge mensen – de starters op de woningmarkt – lopen grote financiële risico's. Bijna routinematig waarschuwen economen en instellingen als het Internationaal Monetair Fonds en De Nederlandsche Bank voor de grote maatschappelijke en economische gevolgen als de huizenmarkt bij een stijgende rente en een economische neergang in elkaar stort. Kabinet op kabinet verklaart het onderwerp taboe.

Aan de onderkant van onze samenleving is er sinds lang sprake van hardnekkige armoede, zoals de *Armoedemonitor* van het Sociaal Cultureel Planbureau jaarlijks laat zien.[16] 10 procent van alle huishoudens in Nederland – dat zijn er meer dan 660.000 – moet rondkomen van een laag inkomen. Een derde van deze huishoudens verkeert langdurig in armoede: zij hebben vier jaar of langer een inkomen op of rond het sociale minimum. Op dit moment groeien 310.000 kinderen op in armoede. De helft van alle huishoudens met een laag inkomen heeft grote moeite om de eindjes aan elkaar te knopen. Ruim 10 procent van hen heeft onvoldoende geld om hun woning te verwarmen, 60 procent heeft geen geld om versleten meubels te vervangen of om een week op vakantie te gaan. Veel lage inkomens komen hierdoor in financiële problemen: 13 procent van hen heeft betalingsachterstanden en 5,6 procent heeft te kampen met ernstige schulden.

Maar niet alleen bij de lage inkomens vormen schulden een probleem. Ongeveer 160.000 huishoudens kampen met problematische schulden.[17] Naast huishoudens die simpelweg te weinig geld hebben om rond te komen, raken ook mensen die plotseling met een inkomensdaling te maken hebben (bijvoorbeeld bij werkloosheid) in de problemen. Een derde, en groeiende groep zijn de mensen die gewoon te veel geld uitgeven, ook wel *overspenders* genoemd.[18] Deze overspenders komen deels in de problemen door drank-, drugs- en gokverslavingen, maar ook door luxe schulden. Het gaat voor een groot deel om jongeren die dure merkkleding aanschaffen en per se met het nieuwste mobieltje willen rondlopen. Veelal zijn het jongeren met gebrekkige kansen op sociale stijging die hun identiteit willen bevestigen in consumptiegedrag. Hun gedrag wordt aangewakkerd door de agressieve marketing van kredietmaatschappijen.

Ook mensen in de hogere inkomensgroepen laten zich vaker verleiden tot het aangaan van disproportionele leningen. Bovendien zijn zij een heel gewild object van banken, zoals de bankier Dirk Scheringa van de beruchte Frisia-leningen opmerkte: 'Hoogopgeleiden met hun goede inkomens, in waarde gestegen (dure) eigen huizen en financiële ambities zijn zeer aantrekkelijk voor kredietverstrekkers.'[19]

Nu de internationale kredietcrisis in Nederland is geland, blijken onze economie en welvaart ook kwetsbaar. Net als in de Verenigde Staten consumeert bovendien een groeiend aantal mensen, aangejaagd door agressieve reclamecampagnes, op krediet. En *keeping up with the Joneses*, competitie in consumptie, zit tot in de haarvaten van de Nederlandse samenleving. Of het nu gaat om de vergelijking van nieuwe mobieltjes, auto's of vakanties, elke dag jagen wij Nederlanders wel op koopjes. Net als de Amerikanen hebben wij ook last van de bijbehorende ratrace op maximale welvaart en harder werken. Als wij naar de problemen in de VS kijken, dan moeten wij er rekening mee houden dat wij onszelf daarmee – ook in sociaal en economisch opzicht – op termijn een slechte koop bezorgen.

Het probleem wordt nog groter als wij ons realiseren

dat hyperconsumptie tot schaarste leidt. Er zijn consumptiegoederen waarvan het aanbod nu eenmaal niet kan toenemen, hoe hoog de economische groei ook is. Dat geldt bijvoorbeeld voor huizen met tuinen net buiten de stad. Veel mensen willen graag de stad uit om buiten te wonen. De eerste die dat doet, geniet van veel ruimte en groen rondom zijn woning, maar hoe meer mensen uit de stad dat voorbeeld volgen, hoe meer de landelijke omgeving wordt verpest door huizen, verkeer en lawaai. Als iedereen ernaar streeft om in grotere huizen te gaan wonen met steeds grotere tuinen, is er niet genoeg ruimte, en is uiteindelijk de aanvankelijke toename van het individuele geluk tenietgedaan door ons gezamenlijke gedrag.[20]

Een even sprekend voorbeeld levert het toerisme op. Velen van ons dromen van de uitdaging om naar oorden te gaan waar je de enige toerist bent. Maar hoe meer toeristen er volgen, hoe minder leuk het reizen wordt. Het is de ervaring van de rugzaktoerist die met een *Lonely Planet* in de hand telkens voor overvolle hotels en restaurants staat omdat alle rugzaktoeristen dankzij de gids op dezelfde 'unieke' plek zijn gewezen.

Ons uitdijend gebruik van de ruimte om ons heen, maakt die ruimte krap, lelijk en kwetsbaar. Wij klagen allemaal graag over de file maar uiteindelijk zijn wij de file zelf. Net zo graag mopperen we over het gebrek aan veilige speelplekken voor kinderen in woonwijken. Inderdaad zou daarin meer geïnvesteerd mogen worden, maar het toenemende aantal auto's is daar ook debet aan. Vijftig jaar geleden was er in Amsterdam op elke twee kinderen één auto. Nu zijn er tien auto's op één kind.[21] Wij rijden meer en vaker, dikwijls geforceerd omdat ons huis en werk verder uit elkaar zijn komen te liggen en alternatief openbaar vervoer onvoldoende voor handen is. Extra wegen brengen misschien kortstondig soelaas, maar staan binnen de kortste keren even vol. Ondertussen verliezen wij natuur, vrije speelruimte voor kinderen en frisse lucht. Allemaal 'goederen' die niet terugkomen met wat extra procenten economische groei.

Dat geldt ook voor onze fossiele brandstoffen en dan vooral voor de olie. In een interview vertelde bestuursvoorzitter Bert Heemskerk van de Rabobank dat hij zich 'als gisteren' herinnert hoe hij als bankier 40 jaar geleden begon, en voegt daaraan toe: 'Over veertig jaar is er geen olie meer. Dat is exact dezelfde periode. Er wordt over gepraat alsof dat nog millennia ver weg is. Maar ik weet: als dit aanvoelt als gisteren, dan is dus morgen de olie op.'[22]

Of het inderdaad precies over 40 jaar op is, valt te bezien. Maar we kunnen het ons niet permitteren om te denken dat 'het onze tijd wel zal duren'. Het is begrijpelijk dat automobilisten klagen over de hoge benzineprijzen aan de pomp en aandringen op verlaging van de accijns op brandstoffen. De verontwaardiging is ook selectief omdat juist het grote verbruik van olie leidt tot schaarste en stijging van de prijzen. Als je enig zicht wil krijgen op onze verslaving aan olie, dan is een kort bezoek aan de site van het multinationale olieverwerkingsbedrijf Dow Chemical verhelderend. Er is weinig waarvoor het bedrijf niet de noodzakelijke bestanddelen produceert, variërend van huidverzorging, voeding, huizenbouw, auto's, *drycleaning*, medicijnen, landbouwproducten, elektronica, film, fotografie, verpakkingsmateriaal en verf tot en met teenslippers.[23]

Natuurlijk zijn er grondstoffen, zoals kolen, die niet snel opraken. Maar het toenemende gebruik ervan heeft grote gevolgen voor de uitstoot van broeikasgassen en de verandering van ons klimaat. Voor de wereldwijde productie van consumptiegoederen wordt in China bijvoorbeeld de ene na de andere kolencentrale geopend. In dit licht wordt de populistische eis van 'teruggave van het kwartje van Kok'[24] die eens in de zo veel tijd weer opkomt, ronduit decadent. Zeker als we in aanmerking nemen dat de snelle toename van het gebruik van olie, gas en kolen geen gelijke tred houdt met de ontwikkeling van werkelijk duurzame biobrandstoffen en alternatieve energie. Zonder forse energiebesparing is energieschaarste een realistisch gevaar. Nu vermag technologie op de lange termijn veel. De energie die de zon levert, naast andere schone bronnen als wind en water, is vrijwel onuitputtelijk. Met harde grenzen aan verspilling en grote publieke investeringen in onderzoek en technologie kan een energiecrisis wellicht worden afgewend.

Even dramatisch als de energieschaarste is de (dreigende) voedselcrisis. Er is genoeg landbouwgrond om de hele wereldbevolking te voeden, maar er wordt te weinig geïnvesteerd in de ontwikkeling daarvan. De productie van gewassen voor biobrandstoffen heeft de schaarste aan voedsel versterkt, waardoor de wereldvoedselprijzen de afgelopen zes jaar met 140 procent zijn gestegen. Deze prijsstijgingen leiden tot grote sociale onrust en bedreigen de bestaanszekerheid van miljoenen mensen.[25] Terecht wijst Marianne Thieme in haar film *Meat the Truth*[26] op de wereldwijde aantasting van de biodiversiteit en het klimaat door onze vleesconsumptie en bio-industrie. Daarbij moeten derdewereldlanden de mogelijkheid hebben om hun landbouwproductie te verhogen om hun eigen bevolking (minimaal) te kunnen voeden en zich economisch te kunnen ontwikkelen.

Als de woorden 'schaarste' en 'crisis' vallen is overal in

de westerse wereld de pavlovreactie dezelfde: meer economische groei, meer productie, meer consumptie. Het zijn niet in de laatste plaats politici die daarmee hyperconsumptie aanjagen. Dit was de cynische boodschap die George W. Bush in vrijwel elke State of the Union afgaf in antwoord op buitenlandse dreigingen en toenemende armoede in eigen land: 'And I encourage you all to go shopping more.'

Als inwoners van welvarende landen zijn wij ons dikwijls bewust van de morele verantwoordelijkheid die wij hebben voor mensen in arme landen en toekomstige generaties. In ons dagelijks leven blijft deze verantwoordelijkheid echter vaak een abstractie en leidt het niet tot correctie van ons gedrag. De armoede en het sociale conflict die onze eigen samenleving kunnen treffen als we de koers van hyperconsumptie niet verleggen, zijn daarentegen niet abstract. Schaarste in basisbehoeften zoals energie, water en voedsel treft vooral de lagere inkomensgroepen. Ook in Nederland klaagt een toenemend aantal minima nu al dat zij moeite hebben om de maandelijkse elektriciteitsrekening te betalen.

Je kunt dit gerust de januskop noemen van een hyperconsumptieve samenleving. De belofte van de meeste luxegoederen is dat iedereen, zonder aanzien des persoons, er gelukkiger van wordt. Het is de belofte van de autofabrikant dat 'je leven kleur krijgt', van het yoghurtmerk dat 'elke dag beter wordt', van de vakantiehuizenverhuurder dat je 'daar op je best bent' en van het shampoomerk dat 'we het waard zijn'. In werkelijkheid worden onze waarde en ons geluk vooral in geld uitgedrukt, en – net als de meeste grondstoffen – is dat schaars en oneerlijk verdeeld.

2
Haast

'Druk druk druk, als je het echt druk hebt
waarom zeg je het dan drie keer'

THEO MAASSEN

De afgelopen tien jaar zijn we gemiddeld 10 procent sneller gaan lopen. Het looptempo van mensen blijkt nauw samen te hangen met het economisch succes van de steden waar zij wonen. In 'booming' Singapore loopt men het snelst: 6,24 kilometer per uur. Utrecht staat op de negende plaats, net na New York.[27]

Als je de twintigste eeuw in één woord moet samenvatten, dan is dat zonder twijfel met het woord 'versnelling'. De toegenomen welvaart, de enorme groei van de (auto) mobiliteit en de onstuimige ontwikkeling van technologie, internet en e-mail hebben ertoe geleid dat we veel meer kunnen, maar ook veel meer moeten. Nog maar twintig jaar geleden was e-mail het domein van een handjevol wetenschappers en bestond de mobiele telefoon nog niet.

De wereld is veranderd, het leven van mensen ook: sinds de auto volledig is ingeburgerd, maakt het weinig meer uit dat we gaan winkelen in Haarlem, Eindhoven of bij een grote outlet aan de snelweg. Dankzij de auto en dankzij Marktplaats.nl struinen we het hele land af op zoek naar koopjes. Dankzij ons mobieltje en de pc staan we bijna de hele dag in verbinding met vrienden, familie en werk. Het leven is efficiënter geworden: reistijden zijn korter, een e-mail is een stuk sneller verzonden dan een brief. Maar de tijdwinst die we boeken maken we ongedaan door ook veel meer te communiceren, veel vaker en verder te reizen. Een reisafstand van 100 kilometer naar je werk is de gewoonste zaak van de wereld geworden, en we verzenden niet meer één brief per twee weken maar vele mails en sms'jes per dag.

De afgelopen eeuw zijn we minder uren gaan werken. Van een zesdaagse werkweek gingen we naar een vijfdaagse. In Nederland heeft de arbeidstijdverkorting de werkweek voor veel mensen teruggebracht naar 38, 36 of 32 uur. Als je daarbij in aanmerking neemt dat de tijd die huishoudelijk werk in beslag neemt, fors is afgenomen – met dank aan bijvoorbeeld de stofzuiger –, dan zou je mogen aannemen dat we ons wentelen in onze vrije tijd.

Uit onderzoek van het Sociaal Cultureel Planbureau blijkt het tegendeel: Nederlanders krijgen het drukker.[28] De afgelopen decennia zijn we meer tijd gaan besteden aan werk, zorg en opleiding: in 2005 gemiddeld 48,6 uur per week. Het leven voelt voor de meesten van ons ook drukker: de helft van alle mensen tussen de 20 en 65 jaar heeft last van 'gejaagdheid', en dat gemiddeld drie dagen per week. Vrouwen die een parttimebaan combineren met de zorg voor kinderen, voelen zich het meest gejaagd.[29] We besteden dus meer tijd aan werk, zorg en opleiding, maar ook aan internet. Dit gaat de laatste jaren vooral ten koste van op visite gaan, visite ontvangen en televisiekijken. De tijd die we besteden aan slapen en eten is dezelfde gebleven.

Uit vrijwel alle onderzoeken komt naar voren dat vooral ouders met jonge kinderen het druk hebben. De 'anderhalfverdieners' woekeren met de schaarse tijd en klagen hier veel over. Ouders die beiden werken melden dat de opvoeding van hun kinderen energie vreet. 60 procent geeft aan nog nauwelijks tijd voor zichzelf te hebben. Bij een op de vier stellen schiet het seksleven erbij in.[30] Een op de drie vrouwen en een op de vier mannen heeft stress door huishoudelijk werk.[31]

Niet alleen werknemers, maar ook kinderen hebben een vollere agenda. School, sporten, muziekles, scouting, dagjes bij opa en oma; een dagje lummelen op de bank of in de achtertuin is er nauwelijks bij. Artsen van het Wilhelmina Kinderziekenhuis in Utrecht meldden in 2004 een forse stijging van het aantal kinderen met burn-outverschijnselen. Geschat wordt dat een op de tien kinderen van twaalf tot zestien jaar kampt met chronische vermoeidheid.[32]

Volgens de vrijetijdswetenschapper Mommaas is vrije tijd 'de tijd die overschiet als aan de dagelijkse verplichtingen, zoals onderwijs, arbeid, huishouden, persoonlijke verzorging is voldaan'. Mommaas stelt dat we allemaal 'tijdnoodlijders' zijn geworden. De oorzaak daarvan is volgens hem dat tijd geen doel meer is, tijd is een middel geworden om meer te doen.[33] Of zoals het in een oud Surinaams gezegde luidt: 'Jullie hebben de klok, wij hebben de tijd.' Als vrije tijd kostbaar is, moet 'alles er uitgehaald worden wat erin zit'. Ontspannen is minder met een boek op de bank, en meer 'moeten' geworden: we moeten dingen beleven, we moeten geprikkeld worden, we moeten feesten, we moeten onze weekenden en vakanties groots en meeslepend doorbrengen.

De afname van vrije tijd is omgekeerd evenredig aan de toename van onze vrijetijdsuitgaven. Waar de besteding van onze vrije tijd meer en meer een 'ervaring' en 'belevenis' moet worden, besteden we steeds meer geld in de zogenaamde 'belevenisindustrie'. Voor een deel gaat het hier om het consumeren van meer traditionele economische producten zoals horeca of film, maar in toenemende mate worden we ook afnemers van door pretparken voorgeschotelde totale 'fantasie-ervaringen' en *all-inclusive*-reizen naar themahotels.[34] Het motto bij besteding van onze vrije tijd lijkt te zijn geworden: 'een dag niet vermaakt is een dag niet geleefd'. Onvoorzien nadeel ervan is dat onze vrije tijd onder druk staat. Dat is de druk om de tijd beter en intenser te besteden door vooral meer te consumeren. We consumeren, kortom, doorlopend en we genieten ons suf.

Inmiddels zijn tijdnood en tijdbesparing kenmerkende onderdelen geworden van de moderne cultuur, of het nu gaat om het fastfood of slowfood dat we eten, het timemanagement dat we leren op ons werk of de qualitytime die we met onze kinderen doorbrengen. 'Druk, druk, druk' is een statussymbool geworden en de uitdrukking van een welbesteed bestaan. Op de vraag 'wat heb je zoal gedaan?' bijt de gemiddelde Nederlander liever zijn tong af dan te zeggen 'niks, niks, niks'.

Met een druk bestaan is niets mis, maar met een te druk bestaan wel. Dat kan mensen ongezond en op den duur ongelukkig maken. Veel jonge ouders hebben bijvoorbeeld een erg volle agenda. Met goede afspraken en een heel strakke planning kunnen zij werk en privéleven nog redelijk combineren. Totdat er iets misgaat. Een file, een trein die niet rijdt, een zieke vader of moeder; op dit soort, veel voorkomende momenten wordt het stressniveau ongezond omhoog geduwd.

Tijd*nood* is ook maar de ene helft van het probleem van tijdstress. Zoals in economisch succesvolle steden mensen harder gaan lopen, zo geldt dat bij economisch falen de snelheid vermindert. Dat bleek al uit een groot onderzoek in de jaren dertig in het Oostenrijkse dorp Marienthal. Door sluiting van de plaatselijke fabriek was plotseling een groot deel van de bevolking werkloos geworden. Direct vertraagde het dagelijkse leven in het dorp. Van 33 werkloze mannen werd opgemeten hoe zij over een bepaald deel van een straat liepen. Van deze 33 mannen liepen er nog slechts 7 met de gemiddelde snelheid van vijf kilometer per uur. Acht mannen liepen gemiddeld vier, en maar liefst achttien mannen liepen gemiddeld drie kilometer per uur. Bewoners in het dorp gaven aan dat ze vroeger veel minder tijd voor zichzelf hadden, maar er meer mee deden. Tijd besteden werd zinloos, tijd werd zoek gemaakt met rondhangen en afwachten. De dag kromp voor werkloze mannen in van een arbeidsdag en een vrije avond om nog veel te doen, naar langer uitslapen en vroeger onder de wol.[35]

In Nederland is er een grote groep mensen die niet meedoet in de ratrace van het stapelen van activiteiten en het volplannen van de agenda. Net als bij de inkomens is ook de verdeling van tijd ongelijk.

Van de 11 miljoen mensen tussen de 15 en 64 jaar hebben er 7 miljoen betaald werk voor minstens twaalf uur per week. Ongeveer 1,5 miljoen mensen in Nederland ontvangen een WAO-, WW- en/of bijstandsuitkering, de andere 2,5 miljoen doet geen aanspraak op de sociale voorzieningen en leert of studeert, of voedt thuis de kinderen op. Het merendeel van de mensen met een uitkering is daar ontevreden over: 92 procent van de mensen met WW of bijstand en 57 procent van de gedeeltelijk arbeidsgeschikten wil dolgraag aan het werk. Van de mensen die volledig zijn afgekeurd, verlangt zelfs nog 19 procent naar een betaalde baan. Voor al deze werkzoekenden geldt dat zij niet aan het werk willen om financiële redenen, maar vooral vanwege de sociale contacten en de behoefte om hun tijd zinvol te besteden.[36]

Tegelijkertijd staat een groeiend aantal 65-plussers, soms tegen hun zin, buiten de arbeidsmarkt. Een miljoen van hen zegt zich eenzaam te voelen en waarschijnlijk loopt dit in de nabije toekomst snel op. Bij 7 procent van de ouderen is de eenzaamheid extreem: zij hebben minder dan één keer per maand contact met familie of vrienden.[37]

Net als bijvoorbeeld gezondheid en levensduur, hangt tijdnood samen met het inkomen dat je verdient en de maatschappelijke positie die je hebt. Hoe meer je te besteden hebt, hoe meer keuzes je kunt maken. Veel mensen met een laag inkomen en zonder werk, chronisch zieken, gehandicapten en ouderen met alleen AOW hebben eerder te lijden onder een gebrek aan activiteiten, dan een teveel daaraan. Zij hebben geen last van tijdnood maar van een tekort aan middelen en mogelijkheden om hun tijd zinvol te kunnen besteden.

Mensen die nauwelijks geld hebben om boodschappen te doen of de tandartsrekening te betalen, hebben ook bij de besteding van hun tijd weinig te kiezen. Voor de 400.000 kinderen die opgroeien in armoede is er meestal geen geld voor de sportclub, de bibliotheek of de muziekles. Gezinnen in de bijstand of met een baan op het minimumloon, hoeven niet te kiezen tussen raften in de Ardennen, kuren in Valkenburg of een concert van The Rolling Stones. Voor honderdduizenden mensen is een weekend vrij een weekend televisiekijken, rondjes lopen in het park of 'shoppen' zonder 'fun'. Als zij werkloos zijn is het voor hen geen twee dagen weekend, maar zeven dagen per week.

Tijd is, met andere woorden, een consumptieartikel geworden, waarop dezelfde wetten van schaarste en overvloed van toepassing zijn. Als tijd schaars is, dan is het kostbaar en gewild. Is tijd volop aanwezig, dan is het in geld uitgedrukt of naar economische maatstaven minder waard, en heb je er ook liever minder van. De tijd van hoogopgeleide, hardwerkende tweeverdieners met kinderen is schaars en kostbaar, en er is altijd meer vraag naar. Daar staat tegenover dat een jonge arbeidsgehandicapte die staat te trappelen om te werken, dagelijks merkt dat er geen behoefte is aan zijn inzet. De tijd die hij in overvloed heeft blijkt van weinig economische waarde. Zonder werk mist hij het inkomen om zich te kunnen ontplooien en om zijn tijd – ook voor hemzelf – zinvol te kunnen besteden.

De scheve verdeling van tijd, mogelijkheden en geld is fnuikend als je in aanmerking neemt dat Nederland vergrijst. Als wij ook in de toekomst bijvoorbeeld de zorg betaalbaar willen houden, dan zal op een korte termijn 80 procent van de beroepsbevolking een betaalde baan moeten hebben.

Eind 2007 stond het aantal open vacatures in Nederland op recordhoogte: werkgevers waren op zoek naar 230.000 nieuwe werknemers. Maar ondanks deze personeelstekorten blijven te veel mensen aan de kant staan. De werkloosheid onder allochtonen is in 2007 gedaald, maar is nog altijd bijna driemaal zo hoog als onder autochtonen.[38] Ook de jeugdwerkloosheid is en blijft hoog: onder jongeren is de werkloosheid ruim tweemaal zo hoog als bij de totale beroepsbevolking.[39] Bij vrouwen tref je vergelijkbare cijfers aan: terwijl in 2006 84 procent van de mannen een betaalde baan had, bleef de voltijd- en deeltijdparticipatie van vrouwen steken op 60 procent.[40] Dat geldt ook voor de participatie van arbeidsgehandicapten. Werkgevers durven of willen het nauwelijks aan om 'mensen met een vlekje', zoals voormalig premier Lubbers het ooit formuleerde, in dienst te nemen.

Terwijl de open vacatures onvoldoende worden vervuld door 'nieuwe' arbeidskrachten, wordt het tekort deels opgevangen door de mensen die nu al een baan hebben. Van alle werknemers werkt 39 procent regelmatig over, bij hoogopgeleiden is dat zelfs meer dan de helft. Gemiddeld gaat het om zeven uur overwerk per week. Als deze uren niet opgevuld zouden worden door die 4 miljoen werknemers die het toch al (te) druk hebben maar herverdeeld zouden kunnen worden, kunnen naar schatting een half miljoen mensen aan het werk komen.[41]

De meeste Nederlanders vinden tijd belangrijker dan werk. De meeste werkenden willen liever minder gaan werken: zowel vrouwen als mannen geven de voorkeur aan een grote deeltijdbaan (20-34 uur per week). Slechts een op de tien mensen is voorstander van een langere werkweek. Overigens stijgt dit percentage als werknemers zeggenschap krijgen over hun werktijden of mogen thuiswerken: 82 procent van de niet-werkenden, 77 procent van de deeltijdwerkers en 72 procent van de voltijdwerkers zegt onder deze voorwaarden meer te willen en kunnen werken.[42]

Een betere verdeling van werkbelasting en werktijd is eens temeer van belang als we bedenken dat we in de toekomst allemaal – werkenden en niet-werkenden – meer mantelzorg zullen moeten verlenen. Door de vergrijzing zal er voor de verzorging en ondersteuning van ouderen en zieken, vaker en intensiever een beroep worden gedaan op familieleden. Om, anders gezegd, onszelf op termijn gezond en een beetje stressvrij te houden is het noodzakelijk dat sommigen het minder druk, en anderen het drukker krijgen. Daarvoor zal de tijd die niet wordt gespendeerd aan werk (en bijvoorbeeld wel aan mantelzorg) een grotere maatschappelijke en economische waarde moeten krijgen door bijvoorbeeld betere vergoedingen in het leven te roepen.

Het is even belangrijk dat de mensen die beroepshalve voor ons zorgen en ons helpen, niet onder te grote tijdstress komen te staan. Dit zet niet alleen hun professionele welzijn onder druk maar ook onze publieke sfeer en onze gemeenschap. In grote delen van de publieke sector is namelijk een zo (kosten)effectief mogelijke besteding van de tijd inmiddels belangrijker dan de kwaliteit van het werk. De werktijd is opgedeeld in krappe compartimenten. Soms komt dit voort uit een tekort aan personeel, maar meestal is het een gevolg van beperkte financiële middelen die de personeelskrapte juist veroorzaken.

Zo kan het je overkomen dat je bij een bezoek aan de huisarts hoort dat een consult acht minuten mag duren en ruimte laat voor één klacht. Heb je meerdere klachten, dan moet je een extra consult aanvragen, wat betekent dat je nog een keer terug moet komen en je van de verzekeraar twee rekeningen krijgt. Huisartsen zijn geen uitzondering.

Een ander voorbeeld is de jeugdzorg. Voor voogden in de jeugdzorg is hun werk met jonge 'klantjes' op een vaste tijd gesteld. Op basis daarvan krijgt elke voogd een bij wet bepaald maximum aantal jongeren toebedeeld. In de praktijk heeft elke voogd echter veel meer jongeren dan toegestaan, zonder dat dit leidt tot herijking van de vastgestelde tijd per jongere. Daarbij is elke voogd dagelijks veel tijd kwijt aan het afleggen van verantwoording op schrift over zijn tijdsbesteding.

Een tot de verbeelding sprekend voorbeeld is de 1040-urennorm in het onderwijs. De gedachte is dat door vaststelling van een verplicht aantal door leerlingen in de klas door te brengen uren de kwaliteit van het onderwijs verhoogd wordt. Omdat efficiënte tijdsindeling ook hier belangrijker wordt gevonden dan kwaliteit, zijn deze 'ophokuren' inmiddels berucht. In werkelijkheid leidt het er namelijk toe dat een groot aantal leraren minder tijd heeft voor de voorbereiding van hun lessen en voor andere verplichtingen zoals lerarenvergaderingen, rapportbesprekingen en ouderbegeleiding.

Vooral in de thuiszorg regeert de stopwatch over de medewerkers en de cliënten. Tot op vijf minuten nauwkeurig 'indiceert' het ministerie van VWS hoeveel zorg cliënten krijgen: tien minuten om te wassen, een katheter te verwisselen of smetplekken te verzorgen; vijf minuten om steunkousen uit te trekken, nagels te knippen of haren te doen. Als cliënt mag je een kwartier doen over je avondeten en mag je maximaal zes keer per dag een glas water of een kop koffie drinken. Dat dient dan wel binnen tien minuten te gebeuren.

In al deze voorbeelden leidt het tot stress en verminderde aandacht voor de mensen om wie het gaat: patiënten, jongeren, kinderen en ouderen. Deze publieke armoede is echter geen onvermijdelijk gevolg van een tekort aan overheidsmiddelen, maar het is kunstmatig gecreëerde schaarste. Ook de publieke sector is ten prooi gevallen aan de wetten van schaarste en overvloed die de moderne consumptiesamenleving beheersen. De funeste, maar dominante politieke gedachte is namelijk dat schaarste in het aanbod van diensten leidt tot hogere kwaliteit van het afgeleverde werk door dienstverleners. Publieke dienstverleners zijn gedwongen om sneller en harder te werken, met een afnemend aantal mensen. Dat dit gepaard gaat met minder tijd voor persoonlijke aandacht en sociaal contact, wordt voor lief genomen, aangezien dit zich niet laat meten of uitbetalen in 'productie'.

De schaarste wordt verergerd omdat de inkomens in de publieke sector de marktlonen volgen, terwijl de publieke middelen die voor zorg en hulp beschikbaar zijn, dezelfde blijven of zelfs relatief afnemen. Hoewel de betaling van professionals nog vaak onder de maat is, is het gevolg hiervan wel dat een groter deel van het te krappe, beschikbare publieke budget opgaat aan de lonen. Anders dan in de marktsector kan in het werk met kwetsbare mensen nauwelijks (tijd)winst worden geboekt door bijvoorbeeld technologische innovatie. Als je in een ziekenhuis ligt, dan heb je behoefte aan een verpleger die aandacht geeft en niet aan een machine. In het onderwijs kunnen computers de lessen ondersteunen maar zijn leraren nodig om kinderen te scholen en aandacht te geven. Verplegenden, leraren of politieagenten staan onder grote, aanhoudende druk om hun arbeidsproductiviteit te verhogen.[43]

Deze neerwaartse spiraal van oplopende kostenefficiëntie en afnemende kwaliteit heeft de afgelopen jaren geleid tot een toenemend aantal incidenten. Het meest beruchte voorbeeld is wellicht de gewelddadige dood van het meisje Savanna, dat onder de hoede stond van de jeugdvoogdij maar in werkelijkheid door iedereen werd verwaarloosd. Dergelijke incidenten leiden tot de geleidelijke afbrokkeling van de publieke, politieke en financiële steun voor sociale dienstverlening en – daarmee – tot vermindering van toegankelijke hulp aan de allerkwetsbaarsten die hierop aangewezen zijn.

Bovendien maakt iedereen in ons land gebruik van de publieke sector. We krijgen les, worden verzorgd en verpleegd, krijgen hulp als er ingebroken is, en als we werk, huisvesting of geld nodig hebben. De publieke dienstverleners die ons assisteren vormen samen het bindweefsel van onze samenleving. Als dat kwetsbaar wordt door tijdnood, stress en toenemend wantrouwen, dan raakt dat ons allemaal. Onze gedeelde trots op en tevredenheid met Nederland als moderne samenleving wordt ook bepaald door de kwaliteit van onze publieke sfeer. Wij willen trots kunnen zijn op onze scholen, onze ziekenhuizen en bijvoorbeeld ons openbaar vervoer. Als die trots verbleekt, dan vermindert ook ons besef dat we samen deel uitmaken van dezelfde waardengemeenschap.

3
Hufterigheid

'Lazer op, idioot'

NICOLAS SARKOZY [44]

Iedereen kent de situatie. Het is druk in de supermarkt en na je langs alle afdelingen te hebben geworsteld, zoek je de kortste rij bij de kassa. Je hebt pech. Mensen voor je zijn vergeten de groente te prijzen, een man heeft te weinig geld bij zich en wil de helft van de artikelen inruilen, of je hebt net die ene caissière van het uitzendbureau die tijdens de topdrukte op zaterdag wordt ingewerkt. Terwijl je voetje voor voetje in de richting van het afrekenen schuifelt, wordt de kassa naast de jouwe geopend. Helaas hebben de mensen achter jou in de rij het eerder ontdekt en hoewel je het op een rennen zet, beland je opnieuw achter in de rij. Tegen de tijd dat je met je zware boodschappentassen het pand verlaat is je humeur volledig verziekt, en misschien ook wel – of juist – omdat je verzandde in een ruzie met degene die voorkroop.

Ruwe omgangsvormen, kleine en grote ergernissen, bumperkleven, scheldpartijen en agressie, regelmatig zijn we er de dupe van. Bijna even zo vele malen maken we ons er zelf schuldig aan. In een uitzending van het tv-programma *Korte Lontjes* staat Henk Westbroek stil bij grofheid in de dagelijkse omgang met elkaar. Hij beklaagt zich over brutale verkooptechnieken op straat en onaardige bejegening in de horeca. Hij stelt dat 'vriendelijkheid de smeerolie van de samenleving is'. Tegelijkertijd wordt hij met een verborgen camera gevolgd als hij, achter het stuur van zijn auto, last heeft van een wegpiraat. Na de zoveelste rempartij stapt hij bij een stoplicht uit de auto, loopt op de bewuste bestuurder af, opent zijn deur en roept: 'Lul-de-behanger.'[45]

Gêne als je betrapt wordt op het gedrag dat je bij anderen verfoeit, is ook een ervaring die de meesten van ons hebben. Als we ernaar gevraagd worden dan klagen we meestal over anderen en benadrukken we dat wij ons juist keurig en betamelijk gedragen.[46] Het kan alleen niet waar zijn, want als we ons allemaal voorbeeldig zouden gedragen, dan zouden we ons ook nooit aan anderen hoeven ergeren. Ouders ergeren zich vaak aan de opvoeding door andere ouders. Het zijn andermans kinderen die grof in de mond zijn, die andere kinderen intimideren en zich niets van de regels aantrekken. De eigen kinderen vormen de uitzondering die de regel bevestigt. Wellicht is het realistischer om te veronderstellen dat ook de eigen kinderen zich af en toe misdragen, en dat wij als volwassenen en ouders daarvoor verantwoordelijk zijn omdat wij het verkeerde voorbeeld geven.

Bovenstaande voorbeelden zijn alle relatief onschuldig en hoeven er niet op te wijzen dat onze samenleving in haar geheel verruwt. In een drukbevolkte en hoogstedelijke samenleving als de Nederlandse is het ook logisch dat de onderlinge omgang soms schuurt en wringt. Zeker als je in aanmerking neemt dat vooral onze steden in toenemende mate verzamelplaatsen zijn van verschillende culturen en religies.

Dat grofheid jegens elkaar 'van alle tijden' is, neemt niet weg dat er wel degelijk sprake kan zijn van verharding, en vooral van een veranderend oordeel daarover. De vraag is of wij ons nog schamen voor ons eigen harde en grove gedrag, of er misschien soms juist trots op zijn of er zelfs status aan ontlenen.

In een recent essay spreekt journalist Pieter van Os van een 'assertiviteitscultus' die het gevolg is van 'doorgeschoten consumentensoevereiniteit', die inmiddels tot in alle uithoeken van de samenleving is doorgedrongen.[47] Hij illustreert zijn stelling met het extreme en dramatische verhaal van John R., de man die het personeel van de Rembrandttoren gijzelde uit protest tegen de invoering van breedbeeldtelevisie. John R. kon niet verkroppen dat hij door de commercie gedwongen werd om een breedbeeldtelevisie te kopen als hij af wilde van de zwarte balken boven en onder in beeld. Eenmaal in het bezit van een breedbeeldtelevisie bleek dat de zwarte balken bleven, nu links en rechts in beeld. Hij bezette met geweld de Rembrandttoren en plakte posters voor de ramen met teksten als 'Philips lies'. Uiteindelijk pleegde hij zelfmoord op de werknemers-wc.

Van Os noemt John R. een 'benadelingswaanzinnige', maar hij haalt hem ook aan als een uitvergroting van de tijdgeest. Die tijdgeest wordt, volgens Van Os, gekenmerkt door de wens alle behoeften onmiddellijk te bevredigen. Blijft die behoefte uit dan is kwade verongelijktheid het gevolg, waarbij het misbaar dat wordt gemaakt niet meer in verhouding staat tot het aangedane onrecht. Van Os hekelt de verongelijktheid van consumenten als er ook maar klein onrecht is: 'Als de vla in de supermarkt niet goed meer is, ervaart de consument dat als een schande. Als zijn hand bekneld raakt in de winkelwagen ligt dat niet aan zijn eigen onhandigheid maar aan de fabrikant.' Daarbij wil de consument 'zijn recht' halen. Lukt dat niet rechtstreeks via een klacht in de winkel, dan kan *Kassa* of een ander televisieprogramma worden ingeschakeld. Van Os merkt hierover op: 'De morele imperatief van hun programma's is: sta op je strepen! Laat niet over je heen lopen! En nog meer: je bent altijd de klos! Dat geeft je het recht op onophoudelijk zeuren en klagen, in een schreeuwerigheid die ooit doorging voor mondigheid.'

Van Os gaat er in zijn analyse aan voorbij dat juist in de georganiseerde kritiek van consumenten op commercie en op grote bedrijven grote democratische weerbaarheid kan schuilen. Gezamenlijk verzet van consumenten in het recente verleden tegen multinationals zoals Shell, McDonald's en Nike dwong deze bedrijven bijvoorbeeld om de mensenrechten beter te respecteren. Van Os legt de vinger echter wel op de zere plek als hij de vorm bekritiseert die de verongelijktheid kan aannemen. In de voorbeelden die hij aanhaalt is geen sprake meer van burgerlijke mondigheid maar van 'grotemondigheid' en overmatige assertiviteit. Daarbij kan grotemondigheid dikwijls rekenen op publieke waardering. 'Benadelingswaanzinnige' John R. eiste in ruil voor vrijlating van de gijzelaars in de Rembrandttoren slechts media-aandacht, waarschijnlijk omdat hij veronderstelde dat hij dan ook op publieke steun kon rekenen. Hoewel zijn gedrag extreem is, neemt dat niet weg dat er talloze voorbeelden zijn, waarin juist assertiviteit en een zo groot mogelijke mond tot bijval leiden.

Een navrant voorbeeld is wel dit. In een interview met het *Algemeen Dagblad* komt de vader van het Feyenoord-supportertje Mikey aan het woord. Mikey werd in 2002 'wereldberoemd' omdat hij als vijfjarige zijn middelvinger opstak tegen de spelers van het Duitse Dortmund. Inmiddels is Mikey een Europese ster. De beruchte afbeelding is overal terug te vinden op buttons, koffiemokken en als wallpaper op mobiele telefoons, waardoor Mikeys vader overweegt auteursrecht op de afbeelding te eisen. Uit trots laat de vader de afbeelding nu bovendien op zijn dijbeen tatoeëren. Desgevraagd vertelt hij dat zijn inmiddels tienjarige zoon nog regelmatig om handtekeningen wordt gevraagd: 'Met een pen trekt hij dan zijn hand na in handtekeningenboekjes.'[48] Hier krijgt een uiting van ongeremde woede en een treffend voorbeeld van 'slechte manieren' heldenstatus die commercieel wordt uitgebuit.

Dat het nog extremer kan, bewees het commerciële televisieprogram-ma *De Gouden Kooi*, waar een groep kandidaten langdurig werd opgesloten in een dure villa. Degene die de pesterijen van de anderen, die soms uitliepen op terreur, het beste overleefde kon uiteindelijk meer dan een miljoen euro winnen. Het programma draaide uit op een viering van grofheid waarbij de hoofdprijs ging naar Terror Jaap. Deze student bouwde naam op met (seksuele) intimidatie van zijn medebewoners. 'Onvergetelijk' is het moment waarop hij zich wentelde in zijn braaksel, om het vervolgens te gooien naar de schoonmaakster die hem vroeg om het op te ruimen. In een interview bij de talkshow *Jensen*, waar Terror Jaap als een held werd onthaald, legde hij uit hoe zorgvuldig hij het imago van onbehouwen vandaal had opgebouwd. Daarin gestimuleerd door de televisiemakers, wist hij precies hoe de aandacht te vangen van het televisiepubliek en de meekijkende adverteerders. Hij beschouwde zijn aandeel in de show als een 'rol', waarbij zijn grofheid het pad naar rijkdom effende.

Ook bij deze voorbeelden kan een gemiddelde Nederlandse burger nog denken dat het hier om de rafelranden van onze samenleving gaat: de subculturen van hooliganisme en reallife-shock-tv. Maar dan maken we ons er te gemakkelijk van af.

In een artikel in *Intermediair* over korte lontjes merkte hoogleraar pedagogiek Micha de Winter het volgende op: 'Je moet eens op de Gooise matras gaan luisteren naar wat die ouders daar allemaal tegen leerkrachten zeggen. Dat zijn hoogopgeleide, goedgebekte mensen met een assertieve levensstijl, die hebben een houding van "wie denk jij wel niet dat je bent met je pabo, dat je mij durft te vertellen wat goed is voor mijn kind".'[49] De socioloog Bas van Stokkom voegt daaraan toe dat een van de meest voorkomende vormen van 'hufterigheid' het onvermogen is 'van veel hoogopgeleiden – die vaak in een competitieve en resultaatgerichte omgeving werken – om zich aan te passen aan het tempo en de omgangsvormen van veelal lager opgeleide en meer gezagsgetrouwe burgers'. Typerende voorbeelden zijn volgens Van Stokkom het veelvuldig en agressief klagen over slechte dienstverlening en het openlijk schofferen van obers en baliepersoneel.[50]

Beide wetenschappers benadrukken dat de hoogopgeleide, maatschappelijke elites die traditioneel geacht werden het goede voorbeeld te geven in betamelijkheid en goede manieren, nu dikwijls de voorhoedes vormen van slechte, agressieve omgangsvormen. Dat klemt eens temeer als assertiviteit wordt gebruikt om meer kwetsbare mensen en groepen te kleineren en te intimideren. Van dergelijke elitaire hufterigheid is bijvoorbeeld sprake bij de jaarlijkse wedren op topsalarissen. Afgezien van het negatieve effect dat ongebreidelde hebzucht heeft op de solidariteit op de arbeidsmarkt, is de 'bekijk het'-houding van topmanagers een klap in het gezicht van de eigen werknemers die jaar in jaar uit worden opgeroepen om de lonen te matigen.

Even typerend is de verruwing van het politieke debat. Hoewel een toenemend aantal politici zich krampachtig distantieert van het predicaat 'elite', maken zij qua inkomenspositie, invloed en zeggenschap wel degelijk deel uit van de maatschappelijke en culturele bovenlaag. Tegelijkertijd deinzen zij er minder voor terug om 'tokkie gedrag' te vertonen. Veel publieke aandacht gaat er daarbij uit naar de kwalificaties van ministers als 'knettergek' en 'beroepslafaard' door Geert Wilders. Veel ernstiger zijn echter de verbale schimpscheuten waarop kwetsbare bevolkingsgroepen, die zich niet kunnen verweren in het politieke debat, worden getrakteerd. De tirades tegen moslims, die in aantal en in maatschappelijke positie een religieuze minderheid vormen, zijn niet alleen discriminerend en stigmatiserend, maar ook ronduit onbehouwen. Wat te denken van de – vrij willekeurig gekozen – uitval van Fleur Agema van de PVV in een debat over kindersterfte in achterstandswijken: 'Dat zijn [...] pleuriswijken. Het zijn dorre poelen van geweld, angst, verslaving en vervuiling. Daar moeten de bezem en de schrobber doorheen. Het tuig moet van de straat, de wijk en het land uit. Weg met al die criminelen, illegalen en verslaafden.'[51]

Dergelijke uitvallen – waarbij overigens ook inhoudelijk nogal wat kanttekeningen te plaatsen zijn – zijn het politieke equivalent van het 'korte lontje'. In het beschreven geval is er echter geen sprake van onbeheerste ruwheid, maar van zorgvuldig voorbereide assertiviteit in de veronderstelling dat dit electoraal gewin oplevert. In zoverre peilingen voorspellende kracht hebben, lijkt politieke 'grotemondigheid' ook op toenemende steun te kunnen rekenen. Daarbij is het politieke stijlmiddel dat de PVV en andere nieuwe populistische bewegingen kiezen dat van de grotemondigheid van de verongelijkte consument. Het is – om met Van Os te spreken – het morele uitgangspunt van 'sta op je strepen, laat niet over je lopen'. De overheid wordt benaderd als een slecht functionerend servicebedrijf dat flink wordt uitgekafferd als het geen waar geeft voor zijn geld. Of zoals Mat Herben enige jaren geleden de missie van de LPF aankondigde: 'Het gaat erom dat de burger op zijn wenken wordt bediend. At your service. Een klantgerichte overheid is wat de LPF verlangt.'[52]

In wetenschappelijke en politieke analyses van de oorzaken van de 'assertiviteitscultus' domineren meestal individualisering en democratisering als grote boosdoeners. Premier Balkenende verbindt zijn politieke offensief voor herstel van 'normen en waarden' zelfs exclusief aan de terugdringing van het individualisme dat de afgelopen veertig jaar de boventoon is gaan voeren. Individuele vrijheid neemt in de ogen van de premier te vaak de vorm aan van egocentrisme en een gebrekkig inlevingsvermogen.[53]

Onmiskenbaar hebben de grotere zeggenschap van burgers over hun leven en het verdwijnen van traditionele, vaak verzuilde machtsverhoudingen ook negatieve effecten gehad. Vooral de gelijktijdige toename van persoonlijke vrijheid en de afname van gezamenlijke en gedeelde morele richtsnoeren kunnen onverantwoordelijk gedrag en assertiviteit in de hand werken. In de woorden van Van Stokkom: 'Assertiviteit zonder moreel besef kan leiden tot een houding van "ik wil alles en ik wil het nu en niemand houdt me tegen".'[54] Onterecht ontbreekt in deze analyses het aandeel van de markt en de consumptiecultuur. Premier Balkenende stelt de vrijere verhoudingen in gezinnen en de vermindering van de vanzelfsprekende autoriteit van politieagenten en leraren ter discussie. Zijn kritiek richt zich veelal op een vermeend teveel aan burgerlijke vrijheden, maar nooit op het door de markt aangejaagde en door de overheid bevorderde consumentisme.[55]

De filosoof Kunneman houdt in zijn boek *Voorbij het dikke-ik* de consumptiecultuur juist wel verantwoordelijk voor lompe zelfingenomenheid (het dikke-ik). Hij beschrijft de snelle ontwikkeling die Nederland in een kleine vijftig jaar heeft doorgemaakt: van een calvinistische cultuur van spaarzaamheid en soberheid naar een 'cultureel en politiek klimaat waarin onze vermogens om te genieten van voedsel, drank, erotiek, spel en allerlei vormen van comfort voortdurend op de voorgrond worden geplaatst en bekrachtigd'. Volgens Kunneman is consumptie ook 'een vorm van erkenning van je bestaansrecht' geworden en helpt het mensen om hun eigenwaarde overeind te houden.[56] Of zoals een vechtlustig Lonsdale-meisje in een tv-interview haar afkeer van Marokkaanse jongeren krachtig onder woorden bracht: 'Als die allochtonen hun mening willen geven, kiezen ze maar een ander merk.'[57] Ofwel, het kledingmerk bepaalt wie je bent en waar je bij hoort: Marokkanen kunnen en mogen geen Lonsdale-dragers worden.

Omdat consumptie zo'n belangrijke, symbolische betekenis heeft gekregen, veroorzaakt het (tijd)stress, zoals ik in het vorige hoofdstuk liet zien. In reactie op het kritische artikel over korte lontjes schrijft een zekere 'Wiebe' op de website van *Intermediair*: 'Goed artikel. Als ik kijk naar het hedendaagse verkeer. 's Middags rij ik om 17.30 uur van de zaak weg, kom ik gelijk in de file het bedrijventerrein af. Vervolgens slalommen om de pionnen heen. Eenmaal op de snelweg mag ik even 100 rijden om vervolgens de eerste 80 kilometerzone tegen te komen. Irritaties alom. Eenmaal in de eigen woonplaats zijn er zo veel straten opgebroken dat alleen de drukke hoofdwegen nog beschikbaar zijn, uiteraard helemaal vol. Ik heb zeg maar een emmer in de auto met agressie. Deze druppelt langzaam vol. Er komt een moment dat het even te veel wordt, dan krijgt iemand die iets verkeerd doet een vinger, groot licht, geluidssignaal of een snijdende beweging.'[58] Deze Wiebe is gestrest na een dag werken, hij heeft haast en hij vindt dat hij gedupeerd wordt door wegwerkers, de overheid en automobilisten. Dat irriteert hem en dat zullen anderen weten ook.

De beste remedie tegen een 'kort lontje' is tot tien tellen. Het probleem is dat we daar nu juist minder tijd voor hebben, want we moeten door: werken, winkelen, thuis zijn, zorgen, ons vermaken, reizen. Dat geeft ons stress en die stress reageren we op anderen af.

'Korte lontjes' zijn ook op een andere, verstrekkender manier met de consumptiesamenleving verbonden. Kunneman concludeert in zijn boek: 'In plaats van een culturele begrenzing van consumptieve overdaad hebben wij te maken met een zeer krachtige culturele en politieke bevestiging van de idee dat deze overdaad de kern van een goed leven uitmaakt en dat iedereen daar uiteindelijk recht op heeft.'[59]

In het werkelijke leven is de toegang tot consumptiegoederen echter nog altijd heel scheef verdeeld. Zoals ik in het hoofdstuk over de Amerikaanse kredietcrisis liet zien, zorgt de tegenstelling tussen de (politieke) belofte om telkens meer te kunnen consumeren en de realiteit van de meeste Amerikanen met krappe inkomens voor sociale en economische instabiliteit. Het zorgt ook voor sociale spanningen en dagelijkse irritaties. Het niet uitkomen van de consumptiebelofte en het gevoel daarbij miskend te zijn in een 'recht' kan voor sommigen, en met name kwetsbare jongeren, ook een persoonlijke legitimatie worden voor crimineel gedrag.

In Nederland deed de criminoloog Jan Dirk de Jong

vijf jaar lang onderzoek naar het criminele gedrag van Marokkaanse jongens in de Amsterdamse wijk Slotervaart. Zijn conclusies wijken opvallend af van de gebruikelijke 'etnische' en 'culturele' verklaringen. Hoewel Marokkaanse jongens in aantallen oververtegenwoordigd zijn in de criminaliteitsstatistieken, is hun gedrag niet wezenlijk anders dan dat van andere criminele jongeren. Dat wordt vooral bepaald door een harde straatcultuur waarin snelle behoeftebevrediging, het opbieden tegen elkaar en 'fun' de belangrijkste maatstaven zijn. Kleding – de jas-met-bontkraag, sneakers, en baseballpet – is statusbepalend, net als bijvoorbeeld mobiele telefoontjes en scooters. Volgens De Jong ligt hun criminele motivatie niet in homohaat, een antiwesterse houding of zelfs moslimfundamentalisme, maar is deze eerder nogal alledaags. Zij willen zich vermaken met mooie spullen, zij gaan prat op brutaliteit en assertiviteit, en als zij erin geslaagd zijn om anderen te schokken, dan voelen zij zich 'kapot moeilijk' (stoer). 'Fun' combineren zij met een gebrekig inlevingsvermogen in de angst die hun gedrag bij anderen veroorzaakt.[60]

Toen het proefschrift van De Jong verscheen werd daar opvallend negatief op gereageerd. De voor de hand liggende verklaring is dat hij tegen de heersende mode in etnische en culturele verklaringen relativeert. Een tweede reden zou echter kunnen zijn dat hij het criminele gedrag van Marokkaanse jongens in het hart van de moderne consumptiecultuur plaatst, en daar ook uit verklaart. Criminaliteit van Marokkaanse jongeren is dan niet langer een cultuurvijandig, geïmporteerd fenomeen, maar juist een – zij het ongewenst – nevenproduct van onze moderne cultuur. Crimineel gedrag is daarmee de lelijke uitvergroting van het gedrag dat we allemaal op gezette tijden vertonen.

Een overspannen opvatting van consumentensoevereiniteit ('ik wil alles en ik wil het nu') vind je op allerlei plekken in de samenleving terug: in de rij voor de kassa, bij topmanagers, op het voetbalveld en in de politiek. Het verschil met criminele jongens schuilt erin dat gezagsgetrouwe burgers voldoende moreel besef hebben om bijtijds af te remmen of te veel maatschappelijke status hebben te verliezen, of een combinatie van beide.

In de inleiding stelde ik dat wij, moderne consumenten, niet slecht of immoreel zijn, hoewel we ons regelmatig onprettig gedragen. We calculeren en denken dat wij ons eigenbelang het beste dienen met ons consumptiegedrag. Als we over meer informatie zouden beschikken of alternatieve keuzes aanlokkelijker of dwingender kregen voorgelegd, dan zouden wij wellicht ontdekken dat wij ons eigenbelang – en ons gemeenschappelijk belang – ook kunnen schaden.

In een hyperconsumptieve samenleving zal het 'recht' van iedereen op het goede leven van luxe en overdaad op gespannen voet blijven staan met de ongelijke verdeling van welvaart. De afstand tussen de hoge en de lage inkomens is de afgelopen decennia zelfs veel groter geworden en de schulden zijn bij velen opgelopen, ook omdat de verleiding van luxeaankopen moeilijker te weerstaan is. Tel daarbij op dat veel mensen harder zijn gaan werken, vaker moe zijn en last hebben van (tijd)stress, tegenover een groeiende groep mensen die zich 'overbodig' voelt en niet gewaardeerd. Het is dan niet denkbeeldig dat ook de onderlinge agressie en ruwheid verder toenemen.

Vrijwel alle politieke partijen, van links tot rechts, spiegelen hun kiezers voor dat het goed mogelijk is om door te gaan met maximale economische en consumptieve groei, en tegelijkertijd de donkere kanten van de moderne samenleving weg te poetsen. Daarmee proberen zij het onverzoenlijke te verzoenen en strooien zij zand in de ogen van hun electoraat. Het is nou eenmaal niet mogelijk om de arbeidsproductiviteit telkens op te voeren en mensen ook ‘onthaasting’ te beloven. Het is niet mogelijk om de publieke sector (nog) efficiënter en goedkoper in te richten zonder een wissel te trekken op de kwaliteit van publieke diensten. Het is onmogelijk om de klimaatverandering tegen te gaan en tegelijkertijd bedrijven aan te moedigen om hun vervuilende productie op te drijven en consumenten aan te zetten tot meer en meer consumptie.

Het is hoog tijd voor moedige politieke keuzes.

Geluk!

4
Ons Bruto Nationaal Geluk

'Geld speelt geen viool'

LOESJE

Stel, je vraagt mensen aan het einde van hun leven waarop zij, als zij terugkijken, het meest trots zijn? Wat voor antwoorden krijg je dan? Je hoeft niet jarenlang wetenschappelijk onderzoek te hebben gedaan om je daar een levendige voorstelling van te kunnen maken. 'Nu,' zullen veel mensen zeggen, 'de kinderen zijn groot en het gaat ze goed. Daar ben ik heel erg trots op.' Anderen zullen zeggen: 'Ik heb eruit gehaald wat erin zit: ik heb veel meegemaakt, veel van de wereld gezien, ik ben gelukkig geweest.' Of: 'Ik heb me nuttig gemaakt, ik heb mijn steentje bijgedragen.' Iemand zal ook zeggen: 'Ach, makkelijk was het niet, maar ik heb niemand echt kwaad gedaan.' Maar weinig mensen zullen zeggen: 'Ik ben wel zó stinkend rijk geworden. Dat is de prestatie van mijn leven.' Nog minder mensen zullen zeggen: 'Ik heb moslims het leven goed zuur gemaakt, daar ben ik nou echt heel erg trots op.'

Trots en geluk gaan niet over maximale zelfverrijking of het vernederen van anderen. Geluk ontstaat als mensen in vrede met elkaar kunnen leven. Als zij zich kunnen ontwikkelen, voor hun gezin kunnen zorgen, vrienden hebben, zich thuis voelen in een gemeenschap en vrij kunnen zijn, dan noemen zij zichzelf sneller gelukkig.

Lang is gedacht dat geluk zo persoonlijk en subjectief was dat het zich niet liet meten of vergelijken. Inmiddels zijn er voldoende, internationaal vergelijkende onderzoeken gedaan waaruit blijkt dat mensen, ongeacht grote culturele verschillen, 'gelukkig zijn of worden' beschouwen als hun levensdoel. Behalve een gelukkig privéleven spelen maatschappelijke omstandigheden een grote rol. De afwezigheid van armoede en onderdrukking, een grote mate van keuzevrijheid en toegang tot belangrijke publieke voorzieningen zoals onderwijs, (volks)huisvesting en goede gezondheidszorg, zijn in vrijwel alle samenlevingen belangrijk.[61] Bovendien zijn samenlevingen ook gediend met gelukkige mensen. Gelukkige mensen zijn dikwijls prettiger in de sociale omgang, zijn meer betrokken bij hun omgeving, vaker actief in vrijwilligerswerk, (vooral geestelijk) gezonder en minder vaak crimineel. Hun meningen zijn milder en de bereidheid om deel te nemen aan de democratische besluitvorming neemt toe.[62]

De nationale 'geluksprofessor' Ruut Veenhoven heeft een imponerende '*world database*' opgebouwd van gelukkige en minder gelukkige samenlevingen. Op de wereldranglijst van 'gelukkige landen' neemt Nederland een redelijke 15de plaats in, boven de Verenigde Staten en het Verenigd Koninkrijk. Tegelijkertijd kunnen wij bijvoorbeeld de Scandinavische landen niet bijbenen.[63] De vraag is ook of wij deze plaats in de rangorde kunnen handhaven. Volgens de Engelse gelukseconoom Layard vormt de politieke koers in een groot aantal westerse landen een bedreiging voor het welzijn van de bevolking. Hij wijst op de eenzijdige fixatie op maximale economische groei, op individuele verrijking en hyperconsumptie, de grotere inkomenstegenstellingen en de terugtred van de overheid uit de publieke sfeer. Zijn kritiek richt zich vooral op de Verenigde Staten en het Verenigd Koninkrijk, waar deze koers van private rijkdom en publieke armoede het extreemst is.[64]

Van oudsher bestaat er een groot onderscheid tussen de VS en Europa, tussen het Angelsaksische en het Rijnlandse model. Terwijl in de VS de doctrine heerst van de vrije markt met economische groei als hoogste goed, heeft Europa lang de overlegeconomie met haar nadruk op solidariteit en rechtvaardigheid gekoesterd. In het in 2000 afgesloten Lissabon-akkoord legden Europese leiders financiële stabiliteit en economische groei echter als belangrijkste doelstellingen van overheidsbeleid vast. Zij bezegelden daarmee de oudere afspraak om van Europa de meest concurrerende economie van de wereld te maken. Dit betekent hardere economische competitie en hogere individuele welvaart op een vrije wereldmarkt. Juist in Nederland is sinds 2000 aan het Lissabon-akkoord vol overgave uitvoering gegeven, met bezuinigingen in de publieke sfeer, een kleinere overheid en lagere belastingen. Onmiskenbaar beweegt Nederland zich, net als een aantal andere Europese landen, hiermee in de richting van de VS.

Er zit een grote paradox verborgen in onze moderne, westerse economie en samenleving. We jagen op economische groei, materiële welvaart en luxe omdat we denken en hopen er gelukkiger van te worden. Tegelijkertijd vormen de bijbehorende verschijnselen van competitie, sociaal conflict en schaarste, stress en hufterigheid een serieuze bedreiging voor ons geluk.

Ik heb niet de illusie dat overheid en politiek mensen gelukkig kunnen maken. Politici kunnen gezinnen niet redden, huwelijken niet lijmen en andermans kinderen niet opvoeden. Politici kunnen mensen niet dwingen tot of afhouden van persoonlijke keuzes. Mensen vallen niet van hun geloof door agressieve politici, noch gaan zij in God geloven omdat politici dat belangrijk vinden. En dat is maar goed ook. Een opdringerige overheid die gemakkelijk kinderen bij hun ouders weghaalt, die besluit wat mensen thuis wel en niet mogen lezen of op tv mogen zien, of die opdringerig meekijkt over de schouder van de abortusarts, maakt mensen onvrij en beïnvloedt hun geluk eerder negatief.

Politici maken mensen weliswaar niet gelukkig, maar zij hebben wel een belangrijke opdracht mensen te ondersteunen in hun gerechtigde verlangen naar geluk en welzijn. Als geluk voor de meeste mensen het hoogste doel in hun leven is, dan moet daarmee in de politieke besluitvorming serieus rekening worden gehouden. Ik ben ervan overtuigd dat wij de hyperconsumptie, haast en hufterigheid kunnen verminderen als er een omwenteling plaatsvindt in de politieke en maatschappelijke opvattingen over economie, mens en staat.

5
De economie van het geluk

Eens per vier jaar, voorafgaand aan de verkiezingen, rekent het Centraal Planbureau (CPB) de te verwachten economische resultaten door van de verkiezingsprogramma's. Deze meting, die in Den Haag geldt als een slagerskeurmerk, draait eigenlijk maar om één absolute grootheid: de mate van economische groei. Dikwijls reikt ook de publieke en journalistieke belangstelling niet verder.

Zo kon het mij gebeuren dat ik tijdens de presentatie van de cijfers, in de aanloop naar de verkiezingen van 2006, in de hoek werd gedreven door Filemon Wesselink van het politieke jongerenprogramma *Lijst 0*. Zwaaiend met een statistiekje van het CPB zei hij beschuldigend: 'GroenLinks heeft minder economische groei.' Dat klopte. In plaats van de 2,5 procent economische groei die de meeste verkiezingsprogramma's lieten zien, bleef die van GroenLinks steken op 2,3 procent. Ik begon omstandig uit te leggen dat dit de gewenste uitkomst was van onze milieu- en sociale investeringen, maar ik was de kersverse journalist al lang kwijt. 0,2 procent minder economische groei is synoniem aan verlies: politiek en electoraal.

Laat er geen misverstand over bestaan: economische

krimp is slecht voor elke samenleving. De werkloosheid neemt toe, de lonen dalen, de overheidsbegroting komt onder druk te staan en de publieke middelen voor onderwijs en gezondheidszorg slinken. Ook het geld voor wetenschap en technologie loopt terug, waardoor het vermogen van een samenleving om zichzelf door innovatie aan de haren uit het moeras te trekken, afneemt. Krimp heeft bovendien een desastreus psychologisch effect. De bereidheid van mensen om te investeren in elkaar, in solidariteit of in het milieu vermindert snel als de angst voor armoede en inkomensverlies gaat overheersen.

Door economische groei daarentegen groeien de welvaart en de werkgelegenheid, kunnen de overheidsfinanciën op orde worden gebracht en gehouden en kunnen de tegenstellingen tussen de inkomens verminderen.

Maar toch. Lang niet alle groei is goed. Bijna dertig jaar geleden, in 1989, botste de olietanker Exxon Valdez op een klif voor de kust van Alaska. Het schip verloor miljoenen liters ruwe olie in zee en vervuilde 1900 kilometer kust. Uit berekeningen nadien bleek dat de milieuramp een gunstig effect had op het Amerikaanse bruto binnenlands product (bbp).[65] De economische activiteiten, de extra werkgelegenheid en de financiële investeringen lieten de economie groeien. Dit gunstige bericht bestond echter bij de gratie van het niet meerekenen van de enorme schade die de ramp veroorzaakte: de dood van ontelbare dieren, zoals 500.000 zeevogels en duizenden otters, en de zeer ernstige en langdurige vervuiling van de kust. Naar verwachting heeft het ecologisch evenwicht zich pas na dertig jaar enigszins hersteld.[66]

Veel dichter bij huis kunnen gemakkelijk vergelijkbare, of zelfs meer lugubere voorbeelden worden gevonden. De economie kan groeien door ongelukken op de snelweg waarbij mensen gewond raken. Garagebedrijven sturen sleepwagens om de wrakken te verwijderen. Politieagenten regelen het verkeer. Ziekenauto's zorgen ervoor dat gewonden naar het ziekenhuis worden gebracht waar zij worden verzorgd. Als het allemaal goed afloopt, kopen mensen nieuwe auto's om de wrakken te vervangen. Dit kan meer harde euro's opleveren dan er verloren gaan aan gemiste werkdagen voor de gewonden.

Milieuschade wordt dikwijls voor lief genomen, maar dat geldt zeker niet voor menselijk leed. Economische groei ten koste van auto-ongelukken wil niemand. We doen er alles aan om de verkeersveiligheid te verbeteren: van verplichte autogordels tot strenge snelheidscontroles. Iedereen accepteert het als dit beperking van de economische groei betekent.

Met het bruto binnenlands product, de belangrijkste graadmeter voor economische groei, wordt alleen de 'beperkte' welvaart in harde euro's gemeten. De gezondheid van mensen, de kwaliteit van natuur, de bijdrage van vrijwilligerswerk, onbetaalde huishoudelijke taken en de waarde van vrije tijd zijn niet terug te vinden in de (internationale) economische statistieken. Simpelweg omdat we er niet voor betalen. In de statistieken vind je wel alle economische activiteiten die nodig zijn om de schade aan ons welzijn van bijvoorbeeld ecologische catastrofes, ongelukken en natuurrampen te herstellen.

Waar worden we gelukkig van? Wat draagt bij aan ons welzijn? Economische groei kan een belangrijk middel zijn om het welzijn van mensen te verbeteren. Maar het is geen doel op zichzelf. In alle samenlevingen, zoals de Nederlandse, waar maximale economische groei is uitgegroeid tot het belangrijkste politieke doel, staan 'immateriële waarden' op de tocht. Dat niet alleen: maximale economische groei geeft geen garantie voor een betere welvaartsverdeling en grotere sociale rechtvaardigheid.

In Nederland laat de economische groei van de laatste jaren bijvoorbeeld onverlet dat voor veel mensen een hoger inkomen een bittere noodzaak is. Als een gevolg van de globalisering nemen de inkomenstegenstellingen verder toe. Door de grote vraag naar hoogopgeleide werknemers stijgt hun beloning terwijl de inkomens van laagopgeleide werknemers onder druk staan van 'lagelonenlanden'.[67] Als dit niet met inkomensmaatregelen wordt gecompenseerd, dan zullen de verschillen de komende jaren blijven groeien. Tegelijkertijd is de bijstand zo laag dat het maken van schulden op termijn onvermijdelijk is. In 2007 steeg het aantal gezinnen dat wekelijks gebruikmaakt van een voedselbank van 10.000 gezinnen naar 13.000: dat is een stijging van 30 procent.[68] Terecht strijden de vakbonden dan ook voor loonstijgingen en voor verhoging van de uitkeringen. Compensatie door de regering van een dreigend verlies in koopkracht van mensen met een minimum- en een (lager) middeninkomen is ook bepaald geen luxe.

Geconfronteerd met sociale ontevredenheid, bedienen politici zich vaak van kortetermijnreparatie door lastenverlichtingen. Het is de politiek van de '*quick wins*': snelle financiële prikkels om de private consumptie te bevorderen, de economische groei verder aan te jagen en de bevolking tevreden te stemmen.

Een opvallend voorbeeld daarvan is de ongekende belastingverlaging van 11 miljard die het tweede paarse kabinet aan het einde van zijn regeerperiode uitdeelde. De verwachting was dat mensen meer zouden consumeren en de economie een duw in de goede richting zouden geven, en dat het kabinet daarmee ook kiezers gunstig zou stemmen. Maar dit bleek ijdele hoop. Omdat met de belastingverlagingen 'gelijkelijk' alle inkomensgroepen werden bediend, bleef de inkomensongelijkheid intact. In de ogen van velen kregen vooral de mensen die het al goed hadden, het nog beter. Tot grote schrik van de paarse bestuurders werden de kiezers zelfs ontevredener, want tegenover de nieuwe, maar ongelijk verdeelde private rijkdom, stak de publieke armoede in het onderwijs en in de gezondheidszorg wel heel pijnlijk af. De klassen waren te groot, de leraren werden net als verplegend personeel onderbetaald en overal in de publieke sector waren er wachtlijsten. Het was de 'buitenstaander' Pim Fortuyn die de verkiezingen (postuum) won door het economische succes steevast te betitelen als 'de puinhopen van Paars'. Blijkbaar definieerden de kiezers hun welvaart anders dan de economische statistieken de politici deden geloven.

De politiek van de quick wins is onverstandig, ook als het doel is om de economie maximaal te laten groeien. In Nederland hebben achtereenvolgende kabinetten zich ervan bediend en als een gevolg daarvan zijn de investeringen in bijvoorbeeld het onderwijs afgenomen. Nederland gaf in 1975 nog 6,9 procent van het bruto binnenlands product uit aan onderwijs, in 2006 was dat gedaald tot iets meer dan 5,2 procent.

Tijdens de *Hofstadlezing 2008* beklemtoonde SER-voorzitter Rinnooy Kan dat de tekorten in het onderwijs ons op termijn grote economische problemen geven. Sociale herkomst is namelijk nog altijd veelzeggend voor de onderwijskansen. Volgens Rinnooy Kan hebben jongeren die in Nederland voor een dubbeltje zijn geboren minder kans om een kwartje te worden dan bijvoorbeeld in de Scandinavische landen. Niet alleen geven wij veel te weinig geld uit aan onderwijs, het is ook eenzijdig gericht op een snelle instroom op de arbeidsmarkt. Jongeren worden heel vroeg geselecteerd met het oog op een latere baan en zij stromen weinig door van lager naar hoger onderwijs. Grote groepen jongeren krijgen zo onvoldoende de kans om hun talenten te ontdekken en te ontwikkelen. Dat is onrechtvaardig voor hen, maar ook economisch een kostbare verspilling van menselijk talent.[69]

Hetzelfde argument geldt voor het verwaarlozen van het milieu en de klimaatcrisis. Uit berekeningen van de Engelse econoom Stern blijkt dat de economische schade hiervan in 2050 gemiddeld ongeveer 11 procent van het bruto binnenlands product zal zijn. Als je dit omrekent naar de Nederlandse verhoudingen, dan moeten huishoudens met een modaal inkomen van 30.000 euro rekening houden met een jaarlijks koopkrachtverlies van bijna 3500 euro. De prijs die wordt betaald voor goed milieubeleid bedraagt in dezelfde berekeningen een verlies aan koopkracht van 100 à 300 euro per jaar. De prijs van laissez faire is, anders gezegd, economische krimp op termijn. Een minstens even groot schrikbeeld is dat het negeren van de klimaatcrisis op termijn leidt tot zo'n 200 miljoen klimaatvluchtelingen.[70]

Er is veel voor te zeggen om ons geld over dertig of veertig jaar te kunnen steken in goede zorg voor ouderen, en niet in het verhogen van de dijken omdat het klimaat ernstig is verstoord. Zelfs als dat nu, volgens de rekenmeesters van het Centraal Planbureau, leidt tot een tijdelijke vertraging van de economische groei met 0,2 procent. Bovendien kan door effectief milieubeleid de economische groei fors toenemen. Milieumaatregelen, zoals het verhogen van milieubelastingen, verminderen de consumptie van energie en mobiliteit. Tegelijkertijd wordt de consumptie van bijvoorbeeld milieuvriendelijke dienstverlening en recreatie aangemoedigd. Milieumaatregelen dwingen bedrijven tot innovatie en investeringen in nieuwe 'groene' producten en productiemethoden en ook dit geeft groei en werkgelegenheid. Anders dan in Nederland heeft men in Duitsland bijvoorbeeld de afgelopen jaren grote investeringen gedaan in windenergie. De werkgelegenheid nam daardoor toe met 200.000 extra banen en Duitsland ontwikkelde zich in korte tijd tot wereldwijd marktleider van windmolens.[71]

Een ander voorbeeld is de 'groene' architectuur die een grote vlucht neemt. Het nieuwe WTO-gebouw dat in New York op Ground Zero gaat verrijzen, is duurzaam ontworpen. Via wind- en zonne-energie zal het gebouw voor een groot deel in de eigen energiebehoefte voorzien. In vergelijking met conventionele gebouwen, besparen groene gebouwen meer dan 30 procent energie. Omdat deze gebouwen gebruikmaken van natuurlijk licht en natuurlijke ventilatie, blijkt het ziekteverzuim veel lager te zijn. Phillip Bernstein, architect en hoogleraar aan Yale University, voorziet dat de bouwindustrie drastisch zal veranderen met innovatieve, energie-efficiënte en milieu-vriendelijke gebouwen.[72]

Het is concluderend hoog tijd om afscheid te nemen van de obsessie met maximale economische groei. De prijs die we ervoor betalen in milieu- en sociale schade is te groot. Bovendien tast de politiek van quick wins onze economische welvaart en stabiliteit op termijn juist aan.

De eerste stap die we kunnen zetten is om onze regering en nationale rekenmeesters te dwingen om uitblijvende investeringen in milieu en onderwijs te verrekenen met de economische groei. Als de huidige economische groei wordt afgezet tegen de milieuschade en de verspilling van menselijk talent die er vaak het gevolg van is, geeft dat een ander, minder rooskleurig beeld van de staat van onze samenleving. Dit leidt ook, noodgedwongen, tot grotere publieke investeringen om de schade voor mens en milieu te repareren of ongedaan te maken. Dit alleen is echter niet genoeg. Want ook bij verrekening achteraf, accepteren we dat de schade eerst ontstaat. Dat betekent dat wij de economische groei ook 'groen' en maatschappelijk of sociaal verantwoord moeten durven maken.

In het uiterste geval kan dit door onverantwoorde of asociale groei te verbieden. Vrijwel niemand vindt het bijvoorbeeld aanvaardbaar dat consumptieproducten worden gemaakt door slaven of kinderen. Heel recent hebben Europese leiders met elkaar afgesproken om producten die door kinderen zijn gemaakt in de toekomst niet meer te importeren. Als een dergelijk verbod van kracht wordt, zijn multinationals gedwongen om hun werkwijze aan te passen (door bijvoorbeeld betere lonen te betalen) als zij toegang tot Europa willen houden.

Ook zonder een drastisch verbod kunnen bedrijven worden ontmoedigd om te vervuilen en aangemoedigd om schoon te produceren en te investeren in menselijk kapitaal, door bijvoorbeeld de uitstoot van broeikasgassen te belasten. In ruil voor lagere belastingen op de lonen, worden twee vliegen in één klap geslagen. Bedrijven betalen dan een prijs voor vervuiling maar het wordt ook aantrekkelijk gemaakt om te investeren in mensen. Als tegelijkertijd met het beperken van de vervuilende economische groei, investeringen worden gedaan in 'schone' economische activiteiten dan leidt dit wel degelijk – getuige de Duitse windenergie – tot extra economische groei.

Deze twee stappen zijn noodzakelijk, maar schieten

nog tekort als wij ons welzijn en geluk werkelijk voorop willen stellen. Investeringen in milieu en onderwijs kunnen economisch rendement opleveren, maar een belangrijk deel van onze dagelijkse activiteiten doet dat niet. De betekenis van gezondheid, zorg voor elkaar, vrijwilligerswerk en vrije tijd kan zoals eerder al vermeld, niet worden uitgedrukt in harde euro's. Dat maakt ze echter voor ons niet minder waardevol en toch staan zij op de tocht.

Dat blijkt bijvoorbeeld uit de eerdergenoemde afspraken van de Europese leiders in Lissabon, om van Europa de meest dynamische economie van de wereld te maken. Daarmee reageren de leiders op de snelle jaarlijkse groei van de Amerikaanse economie. Per gewerkt uur produceren Europeanen weliswaar evenveel, maar Amerikaanse werknemers werken meer uren per week en hebben veel minder vakantiedagen. Om met de Verenigde Staten te kunnen concurreren, bepleit Maria van der Hoeven, als minister van Economische Zaken, nu om de veertigurige werkweek te herinvoeren. Nu is er niet zoveel mis mee als mensen uit vrije wil meer willen werken, maar door de ratrace die voortkomt uit de internationale economische concurrentie, raken deeltijdarbeid en vrije dagen in de verdrukking: zaken waarop Nederlanders (en Europeanen) van oudsher zijn gesteld.[73]

Uit de onderzoeken van gelukseconoom Layard en anderen weten wij dat wij gelukkiger zijn als ons onderwijs goed is en we ons kunnen ontwikkelen, als we kunnen vertrouwen op goede gezondheidszorg, als onze leefomgeving schoon en veilig is, de lucht schoon en de natuur nabij. Wij willen graag tijd hebben voor onze relaties, onze kinderen en onze ouders en vinden het ook belangrijk om soms gewoon niks te kunnen doen.

Uit diezelfde onderzoeken blijkt ook dat er een nauwe relatie is tussen materiële welvaart en geluk. Armoede maakt ongelukkig, net als grote inkomensongelijkheid. Vanaf een bepaald welvaartsniveau bestaat er echter geen rechtstreekse relatie meer tussen inkomen en geluk. Veel onderzoekers gaan daarbij uit van ongeveer het modale inkomen, waarbij wel moet worden aangetekend dat die inkomensgrens varieert met de kosten voor het levensonderhoud.[74] Dit betekent dat vanaf een bepaald inkomensniveau andere zaken, zoals de toegankelijkheid van goed onderwijs, meer bepalend worden voor ons geluk.

In het Nederlandse politieke debat wordt het pleidooi om welzijn en geluk voorrang te geven boven materiële welvaart meestal met scepsis ontvangen. Maximale economische groei en de toename van koopkracht en consumptie worden beschouwd als de noodzakelijke voorwaarden om ons welzijn ook op de langere termijn te beschermen. Strenge milieumaatregelen, zoals beperking van het energie- en grondstoffenverbruik, zouden leiden tot grote economische terugval en tot grote individuele opofferingen. Layard noemt deze stijl van redeneren echter 'economisch analfabetisme'. Hij vindt het 'waanzinnig' te veronderstellen dat maximale welvaartsgroei een voorwaarde is voor behoud of versterking van de kwaliteit van het bestaan.[75] Hij wordt in het gelijk gesteld door Engelse economen, verenigd in de New Economic Foundation. Zij hebben uitgebreid onderzoek gedaan naar de relatie tussen groei, vervuiling en geluk en welzijn.[76] In 'The European (Un) happy Planet Index' vergelijken zij de inwoners van Europese landen op levensverwachting, tevredenheid met het leven en hun gemiddelde bijdrage aan wereldwijde vervuiling.[77]

Nederland is een goede middenklasser maar blijft ver

achter bij de Scandinavische landen, zoals Denemarken, Noorwegen en Zweden, die een grote mate van welzijn en geluk combineren met een relatief lage bijdrage aan vervuiling. Deze landen behoren ook tot de meest sociaal progressieve en technologisch geavanceerde landen in Europa en zelfs wereldwijd. Van economische stilstand en achteruitgang is in de Scandinavische landen geen sprake. Wel kennen de landen kleinere inkomensverschillen en aanzienlijke publieke investeringen in gezondheidszorg, onderwijs en milieu. Onder de bevolking is er, in vergelijking met andere landen, grote solidariteit, weinig wantrouwen jegens elkaar en de overheid, en sterke betrokkenheid bij de samenleving en het milieu. De Engelse economen concluderen dat niet de maximale economische groei bepalend is voor het 'succes' van een land, maar de mate waarin groei en welvaart effectief worden aangewend voor het vergroten van het welzijn en het geluk van haar bevolking.

In maart 2008 heeft een grote groep Nederlandse en Vlaamse wetenschappers, onder leiding van de econoom Goudzwaard, de 'Verklaring van Tilburg' opgesteld. Daarin stellen zij dat er 'een radicale omslag nodig is van onze economieën'. Men acht het noodzakelijk om af te stappen van het bruto binnenlands product aangezien dat enkel een 'snelheidsmeter is van de economie'. Dit geeft slechts aan 'hoe hard we geld verdienen, ongeacht of dat nu nuttige producten en diensten oplevert of schade toebrengt aan mens en milieu'. In plaats daarvan pleit men voor 'hoogtemeters die aangeven hoe ver we af zijn van een duurzame en solidaire economie'.[78] De groep baseert zich ook op de bevindingen van de New Economic Foundation.

Een van de weinige bestuurders die ontvankelijk lijkt voor dergelijke alternatieve economische geluiden, is de huidige minister van Financiën, Wouter Bos. Hij wijst op het belang om het Bruto Nationaal Geluk een grotere plaats te geven in het financiële en economische beleid. Helaas blijft het tot dusver bij lippendienst en leidt het niet tot werkelijke politieke verandering.[79] En dat is niet terecht. In Engeland gaat men al wel een stap verder, aangezien de New Economic Foundation inmiddels de Labour-regering van Gordon Brown én oppositieleider Cameron adviseert. Nog interessanter is dat de Franse president Sarkozy aan Amartya Sen en Joseph Stiglitz, economen en Nobelprijswinnaars, heeft gevraagd om een alternatief meetinstrument voor economische groei te ontwikkelen waarin 'de kwaliteit van het bestaan' centraal staat. Joseph Stiglitz is bovendien benoemd om de economische en maatschappelijke hervormingen die hierop volgen te leiden.[80]

Er is inmiddels meer dan genoeg onderzoek gedaan om het Bruto Nationaal Geluk van de studeerkamers te verplaatsen naar de politieke werkelijkheid. Dit is niet zomaar de verwisseling van het ene economische model met het andere. Als bijvoorbeeld jaarlijks wordt gemeten welke vorderingen er worden gemaakt in duurzaamheid, tevredenheid en geluk (zoals in de 'Happy Planet Index'), leidt dat tot andere politieke afwegingen en overheidsbestedingen. Onvermijdelijk dwingt dit tot grotere investeringen in milieu en onderwijs, maar ook in de leefbaarheid in wijken, in cultuur en in vrijwilligerswerk. Even onvermijdelijk zal dit ten koste gaan van algemene belastingverlagingen en -subsidies die vooral de particuliere consumptie opjagen.

Nederland is ermee gediend als ik – en andere politici – bij de volgende verkiezingen in een hoek worden gedreven door een beginnende journalist die, zwaaiend met een statistiekje, ons verwijt dat wij onvoldoende bijdragen aan het welzijn en het geluk van de bevolking.

6
Consument ≠ individu

Een paar maanden nadat het coalitieakkoord van CDA, PvdA en CU tot stand kwam, gaf informateur Herman Wijffels een intrigerend interview. In *de Volkskrant* zei hij dat het geen toeval is dat 'individualisering' ontbreekt in het 53 pagina's tellende akkoord: 'Het begrip heeft in allerlei teksten gestaan maar is consequent geschrapt.' Zijn verklaring is dat de drie betrokken partijleiders individualisering beschouwen als synoniem aan teloorgang en verloedering: 'Ze zijn er niet aan toe. In die achterbannen van hun bestaat heel sterk een negatieve duiding van individualisering.'[81]

Het is de conservatieve trend van de afgelopen jaren. Individualisering staat gelijk aan de 'calculerende burger', aan egoïsme en hedonisme. Jan Peter Balkenende is een belangrijke vertolker van deze negatieve uitleg. In zijn boekje *Anders en beter* uit 2002 is hij ronduit afkeurend over de maatschappelijke gevolgen van individualisering. Mensen zouden intermenselijke relaties zoals gezinsverbanden en de zorg voor kinderen gaan beschouwen als een belemmering voor hun ontplooiing: 'De relatie als consumptiegoed.'[82] Balkenende voegt zich hiermee in het koor van de ‘neoconservatieven’: een Amerikaanse intellectuele stroming die vooral onder George W. Bush (met Reagan en Thatcher als voorlopers) grote internationale, politieke invloed heeft gekregen.

De conservatieve redenering loopt ongeveer zo. Sinds de jaren zestig en zeventig van de afgelopen eeuw hebben burgers zich losgemaakt van allerlei hiërarchische gezags- en gemeenschapsverbanden. ‘Ikke-ikke-ikke’ heeft de plaats ingenomen van het samen optrekken in kerk, gezin en gemeenschap. Omdat bezielende verbanden niet meer worden geaccepteerd, raken mensen ontworteld en op drift en is hun morele besef verminderd. Zodoende wordt individualisering ook rechtstreeks in verband gebracht met negatieve ontwikkelingen zoals de stijgende criminaliteit, het toenemende consumentisme, de ‘hufterigheid’ in het sociale verkeer, de eenzaamheid onder ouderen enzovoort enzovoort. De remedie wordt dikwijls gezocht in de vermindering van de privacy, versterking van de (staats) controle op (vooral kwetsbare) gezinnen en op jongeren, en in een toename van repressie in antwoord op criminaliteit.

Het negatieve, conservatieve oordeel over individualisering heeft de meest verstrekkende gevolgen voor mensen aan de onderkant van de samenleving en op het minimum. Aangezien de veronderstelling is dat elk mens inmiddels volledige keuzevrijheid heeft, en dit bij velen leidt tot calculeren en egoïsme, zijn het vooral degenen die in sociale problemen verkeren die er een potje van zouden hebben gemaakt.

In vervolg op het boekje *Anders en beter* legde premier Balkenende tijdens zijn eerste drie kabinetten een grote nadruk op de ‘individuele verantwoordelijkheid’ van mensen. Anders dan de term doet vermoeden, werd hiermee niet beoogd de emancipatie van mensen te bevorderen, maar werd een rem gezet op het gebruik van sociale en publieke voorzieningen. Een slechte uitgangspositie op de arbeidsmarkt, uitval in het onderwijs en afhankelijkheid van sociale bijstand zijn in de conservatieve benadering van 'doorgeschoten individualisme' een 'keuze' waarop mensen mogen worden afgerekend. Afgezien van de kritiek die onderdelen van dit beleid verdient, is het opvallend dat Balkenende zijn kritiek op individualisme niet verbindt aan grotere gemeenschappelijke verantwoordelijkheid voor de kwetsbaarste mensen in onze samenleving.

Over de ernst van de meeste culturele problemen verschil ik niet van mening met de conservatieven. Criminaliteit en onveiligheid, intolerantie, hufterigheid, stress, ontworteling en eenzaamheid trekken een zware wissel op de veerkracht van onze samenleving. Wel verschil ik van mening over de belangrijkste oorzaken van deze problemen en de remedie ertegen.

Uit de analyse van jarenlange bevolkingsonderzoeken blijkt dat individualisering minder ver is voortgeschreden dan vaak wordt gedacht. Mensen zijn vaker met elkaar van mening gaan verschillen en de nabijheid van kerk en familie is inderdaad afgenomen. Maar onderling meningsverschil is vaak nogal tijdelijk en vluchtig aangezien bij de meerderheid van de bevolking consensus overheerst over de gewenste richting van de samenleving. Daarbij komt dat sociale kenmerken zoals sekse, leeftijd, gezinssituatie, opleidingsniveau en geloof nog altijd van grote invloed zijn op de sociale kansen van mensen, hun gedrag en hun opvattingen.[83] Zoals we ook weten dat armoede 'erfelijk' is. Kinderen, wier ouders zijn aangewezen op sociale zekerheid en minimuminkomens, hebben zelf een grotere kans dan anderen om in de bijstand terecht te komen en een kleinere kans om te stijgen op de sociale ladder. De gedachte dat 'een dubbeltje nooit een kwartje wordt' is ook in onze moderne samenleving een bron van sociale en politieke rancune. Dat is niet gek omdat op de arbeidsmarkt en in het onderwijs de ongelijkheid in kansen dagelijks wordt gereproduceerd en onvoldoende met maatregelen wordt gecorrigeerd.[84]

Een ander kenmerk van individualisering zou zijn dat kiezers zweven en wispelturig zijn. Inderdaad is de gehechtheid aan de 'oude' politieke partijen bij kiezers verminderd ten gunste van politiek à la carte: een politieke keuze op het allerlaatste moment, bepaald door de aantrekkingskracht van de lijsttrekker en de meest dominante campagnethema's. Sinds de eeuwwisseling is Nederland bovendien in de greep van snel opkomende en soms even snel verdwijnende nieuwe politieke partijen. Deze nieuwe politieke partijen, zoals Leefbaar Nederland, LPF, PVV en TON, bedienen zich met graagte van populistische sentimenten over de Haagse kaasstolp, migranten en de islam. Daarmee worden andere stemmotieven van kiezers zichtbaar, die eerder wellicht ook bestonden maar geen gehoor vonden. Toch hebben de afnemende partijtrouw en het nieuwe populisme niet tot aanmerkelijke wijzigingen geleid in de machtspolitieke verhoudingen. Sinds de Tweede Wereldoorlog kent Nederland een stabiele (centrum)rechtse meerderheid.[85] Meer dan de kiezers is het politieke establishment gaan zweven, op zoek naar media-aandacht, gunstige peilingen en electorale populariteit. De onzekerheid over de eigen populariteit vermindert de moed en bereidheid van politici om maatschappelijke hervormingen te bepleiten en te verdedigen. Dit stemt weinig vrolijk maar heeft met individualisering niet zoveel te maken.

Het is ook de vraag of de controle op mensen werkelijk is verminderd. Onmiskenbaar is de beslissende invloed van de kerk, de familie, de vakbonden en andere dragende instellingen uit de oude zuilenmaatschappij afgenomen. In de plaats van de traditionele informele controle is echter de formele sociale controle door de staat getreden. Weliswaar is de controle afstandelijker en anoniemer geworden, maar dat maakt deze niet minder indringend voor de mensen die eraan zijn onderworpen. Variërend van patiënt- en kindvolgsystemen, cameratoezicht, verregaande bevoegdheden van politie en justitie om te identificeren, te fouilleren en telefoongesprekken af te luisteren, kent ons dagelijkse leven een grote doorschijnendheid.

Daarbij is de macht van de producenten van consumptiegoederen en van (commerciële) massamedia en marketing enorm toegenomen. De socioloog Elchardus gaat zelfs zover dat hij 'individualisme' een misleidende, oneindig herhaalde boodschap noemt, met geen andere bedoeling dan mensen tot identiek consumptief gedrag aan te zetten. Onder het mom van onafhankelijkheid worden consumenten gemanipuleerd tot 'kuddegedrag' en volgzaamheid. Volgens Elchardus is de beslissende verandering van de afgelopen decennia niet dat wij van de leden van een gemeenschap, autonome individuen werden, maar 'blijkbaar worden we steeds minder een samenleving van burgers en steeds meer een markt van consumenten'.[86] Dat rechtvaardigt de conclusie dat tegenover de 'dekolonisatie van de burger', zoals Henk Hofland in de jaren zeventig de ontzuiling omschreef, de burger door markt en staat is gekoloniseerd.

Individualisering is, met andere woorden, een minder eenduidige en allesbepalende maatschappelijke ontwikkeling dan conservatieven vaak veronderstellen. Het is dan te gemakkelijk om het te beschouwen als dé oorzaak van alle moderne problemen. Uit de bovenstaande analyse is echter wel een andere conclusie te trekken. In veel conservatieve analyses wordt consumentisme beschouwd als een gevolg van individualisering: de burger werd vrij en hij besloot om te gaan winkelen. Het zou wel eens andersom kunnen liggen: misschien neemt ons gevoel van individualiteit er door toe maar in werkelijkheid vermindert onze keuzevrijheid door hyperconsumptie.

In het oorspronkelijke, progressieve ideaal van individualisering lag namelijk een sterke nadruk op immateriële waarden. Mensen zouden emanciperen en macht verwerven door betere opleidingen en open toegang tot kunst en cultuur en tot de democratische besluitvorming. Zoals Van der Lans en Verbij het verwoorden in hun *Manifest voor de jaren zeventig*: 'Zelfontplooiing en zelfbevrijding [...] golden in de eerste plaats mensen die voorheen ernstig in hun vrije ontwikkeling waren belemmerd. Ze golden voor vrouwen, homo's, psychiatrische patiënten, mensen uit etnische minderheden. Het ging erom dat zij de kansen kregen en grepen om zich als individuen te bevrijden en te ontplooien. Daarbij ging het niet om pure ik-gerichtheid, niet om egocentrische zelfbepaling ten koste van anderen. In de jaren zeventig was zelfontwikkeling altijd ingebed in een sociale context. Zonder praatgroep geen zelfbewustwording, zonder flikkergroep geen zelfbevrijding, zonder zelforganisatie geen zelfontplooiing. Het vrijheids- en ontplooiingsstreven was altijd een sociaal proces.'[87]

Opvallend genoeg geeft Herman Wijffels met een tijdsverloop van zeker dertig jaar een vergelijkbare definitie van individualisering: '(Het is) in principe ontwikkeling van het bewustzijn. Zo beschouwd is het niet logisch om ervan uit te gaan dat het uitloopt op losbandigheid en onverschilligheid. Het logische vervolg is dat een beter ontwikkeld persoonlijk bewustzijn leidt tot aanvaarding van meer verantwoordelijkheid voor het geheel.'

Er is een groot verschil tussen het morele en sociale individualisme van Wijffels dat autonomie en gemeenschapszin verzoent, en het grimmige economische individualisme dat in de jaren tachtig voet aan de grond kreeg.

Toen ging vooral de conservatief-liberale opvatting overheersen, dat economie en samenleving – in deze volgorde – het meeste zijn gediend bij 'koel calculerende burgers die hun eigen materiële belangen vooropstellen'.[88] De regering-Reagan in de VS, die van Thatcher in Groot-Brittannië en de achtereenvolgende kabinetten-Lubbers in Nederland verdedigden alle hardere economische en materiële concurrentie, en afnemende verantwoordelijkheid voor de sociale en culturele emancipatie van mensen.

In Nederland maakte de grote verkiezingsoverwinning van de VVD in 1982 het eerste conservatieve kabinet-Lubbers mogelijk. De toenmalige VVD-lijsttrekker Ed Nijpels voerde campagne met de leus 'gewoon jezelf kunnen zijn'. Oppervlakkig beschouwd lijkt dit een verwijzing naar de 'softe' jaren zeventig van zelfontplooiing en praatgroepen, maar het VVD-programma bevatte naast deze leus de gewone conservatief-liberale ingrediënten van denivellering, lagere belastingen en meer private rijkdom. Met 'gewoon jezelf kunnen zijn' werd duidelijk gemaakt dat het oprukkende consumentisme geen strobreed in de weg mocht worden gelegd. Niet voor niets werd de leus ook toen al door de klassieke liberaal Vonhoff gediskwalificeerd als een 'populistische, platvloerse toon en een ordinaire Veronica-achtige slogan'.[89]

Bij alle kabinetten die erop volgden is versterking van het consumentisme centraal blijven staan. Onder de regeringen-Lubbers werd het idee om het begrotingstekort terug te dringen met hogere belastingen taboe verklaard. In plaats daarvan werd het begrotingstekort betaald uit grote bezuinigingen op de sociale voorzieningen. Toen het tekort was gesaneerd, was de weg geëffend voor de grootste algemene belastingverlagingen sinds de Tweede Wereldoorlog door de kabinetten-Paars I en II. Nadien, toen tijdens de drie kabinetten-Balkenende het overheidstekort weer toenam, werd de koers van Lubbers hervat met grote bezuinigingen in de publieke sfeer. De rode draad in al die regeringsjaren is bevordering van de private consumptie, ook als dit gepaard ging met toenemende publieke armoede.

De verschillende kabinetten hebben daarmee natuurlijk ook gehoor gegeven aan de behoefte van consumenten om telkens goedkopere en meer toegankelijke luxegoederen te willen en kunnen bezitten. Maar door hun beleidskeuzes hebben zij hyperconsumptie bovenal aangemoedigd als superieure levensstijl en als gelijkluidend aan 'het goede leven'.

Individualisering is niet te ver doorgeschoten. Het morele en sociale individualisme is verdrongen of tot stilstand gebracht door oprukkend massa- en hyperconsumentisme. Daarin gestimuleerd door achtereenvolgende regeringen, is de consument de zelfstandig denkende en handelende burger gaan overheersen. Of zoals Reich het noemt; het consumentendeel van onze hersenen wordt telkens geprikkeld, het burgerdeel van onze hersenen niet. Want terwijl (gefortuneerde) consumenten de afgelopen jaren met lastenverlagingen en subsidies op hypotheken en pensioenen werden geprikkeld, werden burgers getrakteerd op grote publieke bezuinigingen. Alle publieke instellingen die mensen helpen om vrij en verantwoordelijk te handelen, van het onderwijs via de jeugdzorg tot de kunstinstellingen, hebben te maken gehad met kortingen en bezuinigingen. Terwijl consumenten door marktwerking schijnkeuzevrijheid kregen met een breed assortiment aan zorgpolissen en energiecontracten, wordt kansarme jongeren, alleenstaande jonge moeders, laagopgeleide migranten en ouderen de armoedige keuze voorgehouden van een slechte baan en een nog slechtere uitkering.

Op het moment van schrijven prijst fabrikant Jordan op televisie een nieuwe tandenborstel aan als 'individual': 'Met maar liefst zestien designs is er altijd één die bij je past.'[90] Het is de onbedoelde illustratie van de verloedering van het individualiseringsideaal tot een marketinginstrument: de tandenborstel als bewijs van eigenwaarde en autonomie. Ondertussen kunnen nog veel te veel mensen niet worden wie zij graag zouden willen zijn, hun 'toekomstdesign' wordt beperkt door slecht onderwijs, een tekort aan kansen en een gebrek aan interesse bij degenen die over hen beslissen – van leraren en arbeidsbureaumedewerkers tot aan politici.

Onze samenleving kent een groot emancipatietekort en daarmee is de belofte van individualisering niet ingelost. Dat tekort is zichtbaar bij mensen met lage opleidingen en weinig arbeidsmarktkansen maar bijvoorbeeld ook bij vrouwen. In vergelijking met andere Europese landen kent Nederland weinig vrouwelijke managers en hoogleraren, en vrouwen worden per gewerkt uur aanzienlijk slechter betaald dan mannen. Daarbij kunnen, naar Europese gemiddelden, maar weinig vrouwen zelfstandig in hun levensonderhoud voorzien. Dit heeft tot gevolg dat, ook door het toenemende aantal echtscheidingen, vrouwen vaker tot de nieuwe armen gaan behoren. Nog kwetsbaarder is de positie van migranten- en allochtone vrouwen. Niet alleen zijn zij te vaak laagopgeleid of geheel ongeschoold, ouderwetse culturele en religieuze opvattingen over de rol en taken van de vrouw minimaliseren hun kansen om als vrij individueel te nemen aan onze samenleving.

Emancipatie van kwetsbare mensen en minderheidsgroepen vindt alleen plaats als het belang van individuele keuzevrijheid geschraagd wordt door grote publieke investeringen in hun onderwijs en arbeidsmarktpositie.

Herman Wijffels merkt terecht op dat de ontwikkeling van 'persoonlijk bewustzijn' en vertrouwen in de eigen capaciteiten hand in hand gaat met de aanvaarding van verantwoordelijkheid voor het grotere geheel. Voor 'samenleven, samenwerken', zoals de slogan van het vierde kabinet-Balkenende luidt, moet elk mens zijn of haar individuele talenten kunnen ontwikkelen en zeggenschap kunnen hebben. Gemeenschapszin en verantwoordelijkheid zijn niet de tegenhangers van individualisering en emancipatie; zij zijn het logische vervolg erop.

Conservatieve critici hebben de afgelopen decennia echter met enig succes het uitgangspunt ondermijnd dat de moderne (verzorgings)staat een belangrijke bijdrage levert aan de emancipatie en zeggenschap van kansarmen. De socioloog Charles Murray betoogde al aan het begin van de jaren tachtig in *Losing Ground* dat de verzorgingsstaat verantwoordelijk was voor de zogenaamde passiviteit en immoraliteit van armen en zwarten. De verzorgingsstaat ontnam mensen namelijk de eigen verantwoordelijkheid voor verbetering van hun lot. Dit boek vormde voor Bill Clinton in 1996 belangrijke legitimatie 'to end welfare as we know it'.[91]

De afgelopen jaren zijn politici en beleidsmakers in Nederland en Europa heel gevoelig geweest voor vergelijkbare verzorgingsstaatkritiek. De Engelse gevangenisarts Theodore Dalrymple heeft met de meeslepende beschrijvingen van zijn 'klanten' de keerzijden van langdurige staatsafhankelijkheid en 'slachtofferdenken' laten zien. Vooral de progressieve beleidselites krijgen er bij hem van langs omdat zij een cultuur van armoede zouden hebben gekweekt en in stand gehouden.[92]

Een belangrijk deel van deze kritiek snijdt hout. Ook in de Nederlandse verzorgingsstaat is traditioneel de nadruk gelegd op het bieden van financiële beschutting tegen armoede. Hoe wezenlijk dit ook mag zijn, lang is er onvoldoende aandacht voor geweest dat mensen afhankelijk worden van diezelfde staat en – mede door het relatief lage niveau van uitkeringen – duurzaam tot armoede en passiviteit worden veroordeeld. De laatste jaren ligt er een grotere nadruk op het 'activeren' van mensen door bijvoorbeeld de invoering van een sollicitatieplicht en het korten van de uitkering bij het niet-naleven daarvan. Toch wordt de eigen kracht van mensen om zich te ontworstelen aan ellende en tegenslag nog altijd onvoldoende benut.[93] Zo leiden de armoede en afhankelijkheid van veel alleenstaande jonge moeders nog vooral tot politieke voorstellen om hen langer vrij te stellen van de sollicitatieplicht.[94] Terwijl deze vrouwen veel meer geholpen zouden zijn door de verplichting te gaan werken, in combinatie met scholing, goede en goedkope kinderopvang en betere beloning van deeltijdarbeid.

De fout die conservatieven echter maken is dat zij het kind met het badwater weggooien. De kritiek die er bestaat op de *vorm* die hulp en ondersteuning in de moderne verzorgingsstaat hebben aangenomen, mag dan soms terecht zijn; de noodzaak om in collectieve inspanningen mensen met werk en onderwijs vooruit te helpen, blijft overeind. Het conservatieve recept van discipline en repressie leidt namelijk zelden tot vermindering van de sociale problemen en dikwijls tot nieuwe tegenstellingen en conflict. In de emancipatie van kansarmen ligt een groot belang van de betrokkenen zelf maar ook van de samenleving als geheel.

Bovendien worden niet alleen de meest kwetsbaren er door gehinderd dat het consumentendeel en niet het burgerdeel van onze hersenen wordt geprikkeld. Iedereen – arm en rijk, kansarm en kansrijk – heeft daar last van. De tandenborstelfabrikant mag ons dan wel individualiteit willen verkopen, in werkelijkheid leidt ons consumptieve gedrag er toe dat we meer op elkaar lijken. Vrijwel alle moderne consumptieproducten suggereren een bijdrage te leveren aan onze 'unieke' persoonlijkheid. Of we nou shampoo, melk, groenten in blik, een auto of een nieuw kabelabonnement kopen; de onveranderlijke belofte van reclamemakers is dat het ons uniek maakt. We mogen dan wel denken dat we met de aankoop van een *skinny jeans* opvallen, diezelfde gedachte hebben onze buren, vrienden en kennissen tegelijkertijd gehad. In werkelijkheid maken we deel uit van zorgvuldig geregisseerde trends en is het voornaamste gevolg dat we met z'n allen kluitjesvoetbal spelen.

Hoewel dit klein consumentenleed is en het zelfontplooiing niet in de weg hoeft te staan, drijft de hyperconsumptieve samenleving wel op het gedeelde, onvervulde verlangen naar nieuw bezit, zoals ik in de inleiding beschreef. Als we iets hebben gekocht dan verdwijnt het kortstondige geluk even snel als het opkwam, en maakt het plaats voor nieuw verlangen. De keerzijde van ons repeterende, gezamenlijke verlangen is dat we telkens harder moeten werken en meer moeten produceren. We zijn gehaast, leiden vaak aan stress en zijn dikwijls onprettig tegen elkaar of ronduit hufterig. Niet alleen lijken we – ongewild – op elkaar, we zitten ook in dezelfde mallemolen.

De markt en onze samenleving zijn erop ingericht om ons als consument zo snel en goed mogelijk te bedienen. Supermarkten voeren prijzenoorlogen, multinationals outsourcen productie en personeel naar het buitenland om zo goedkoop mogelijk te leveren en reclame en commercie zijn alomtegenwoordig, en ook daar blijft het niet bij. In de publieke sfeer verdringen de vereisten van marktwerking en kostenefficiëntie de kwaliteit van publieke diensten.

Nu is dit voor ons als consument misschien een prijs die we willen betalen, maar als burger krenkt het op termijn ons besef van rechtvaardigheid en ons gevoel van eigenwaarde. Als wij als burger geconfronteerd worden met te weinig verdienende leraren en verplegend personeel, dan stemt ons dat ontevreden. Als onze ouders in een verpleeghuis niet de aandacht krijgen die zij verdienen, dan vinden wij dat hun onrecht wordt aangedaan. En als wij zelf met onze lastige puber bij jeugdzorg aankloppen en we worden doorverwezen naar de wachtlijst, dan maakt dat ons als ouder troosteloos.

Het meest gehoorde verweer tegen onze onvrede als burger is dat we dan een klacht moeten indienen, of ons recht of gelijk elders moeten halen. In een hyperconsumptieve samenleving word je namelijk ook als consument behandeld en niet als burger: door de markt vanzelfsprekend, maar ook door de overheid. De leidende gedachte is dat wij als consument 'soeverein' en machtig zijn. Als een product ons niet aanstaat dan kunnen wij het ruilen, als de service slecht is dan gaan we naar een andere winkel, en als een publieke dienst ons niet bevalt dan vertrekken wij ook en dienen een klacht in. Met ons gedrag hebben we invloed op de beschikbaarheid van producten en diensten, en lokken we het aanbod uit, en daar maken we gretig – en soms mopperend en scheldend – gebruik van.

De mogelijkheid van vertrek en verweer achteraf, die hoort bij het consumentisme, is echter iets heel anders dan individuele, democratische medezeggenschap. Het onderscheid tussen vertrek (exit) en je stem verheffen (voice) werd in 1972 beschreven door Hirschman. Hij analyseerde dat 'vertrekken' vooral effectief was om marktproducenten op andere gedachten te brengen, terwijl je stem verheffen de politiek en de overheid zou beïnvloeden.[95]

Ook in de publieke sfeer is de notie van consumentensoevereiniteit inmiddels echter ver doorgedrongen. Sinds de herziening van het zorgstelsel ligt de nadruk op 'klanten' die door te vertrekken bij slecht functionerende zorgverzekeraars, kwaliteit en toegankelijkheid van zorg zouden kunnen afdwingen. Ook in het gehandicaptenvervoer, bij energiebedrijven en kabelexploitanten zijn burgers consumenten geworden die door het creëren van aanbod en schaarste de kwaliteit van deze – voorheen – publieke diensten zouden moeten verbeteren. Maar de burger die klant en afnemer is geworden wil of kan helemaal niet altijd weglopen bij een verzekeraar of uit het ziekenhuis. Dikwijls mist hij een ander gelijkwaardig aanbod en soms heeft hij gewoon de kracht of de lust niet. Vaak ook voelt hij zich verbonden met bijvoorbeeld een school en wil hij, in plaats van weg te lopen, juist meer zeggenschap om de kwaliteit van de lessen te verbeteren.

Ondertussen is de democratische medezeggenschap van burgers de afgelopen decennia bepaald niet toegenomen. Burgers klagen erover dat zij dikwijls gelukkig zijn met hun eigen leven maar niet met hun omgeving. Ze voelen zich weinig serieus genomen.[96] Uit onderzoek van de

Nationale Ombudsman blijkt dat burgers juist graag betrokken willen worden bij de publieke zaak. Zij willen kunnen meepraten en meebeslissen, en zijn bereid hun schaarse tijd daarin te investeren. Maar de ombudsman wijst er ook op dat burgers afgeschrikt worden omdat de overheid eerder een 'warenhuis' is dan een 'constitutioneel thuis'.[97]

Toen het ideaal van individualisering in de jaren zestig en zeventig de politiek veroverde, ambieerden vooral progressieve politici dat 'de gewone man' een gelijkwaardige partner zou worden van de macht. Overal, van het onderwijs, de volkshuisvesting en de gezondheidszorg tot in hun eigen buurten, zouden mensen inspraak en invloed krijgen. Op de markt zou er zelfs 'arbeiderszelfbestuur' komen. Nu is dit laatste terecht gelogenstraft als 'naïef', maar ook bescheidener vormen van medezeggenschap van werknemers zijn beperkt gebleven tot geringe onderhandelingsbevoegdheid over de eigen salarissen. Invloed op de keuzes van de bedrijfsleiding is er nauwelijks en met de intrede van het aandeelhouderskapitalisme is medezeggenschap verder weg dan ooit. In de publieke sfeer is er geen of nauwelijks toename van medezeggenschap over de eigen woon- of leefomgeving. Democratisering van de politieke besluitvorming door referenda en burgerinitiatieven zijn, op een paar kleine uitzonderingen na, door opeenvolgende regeringen succesvol tegengehouden.

Hans van Mierlo zei dikwijls dat individualisering even beïnvloedbaar is als het weer.[98] Tot op zekere hoogte heeft hij daarin gelijk. De behoefte van mensen om langer alleen te wonen, in kleinere gezinnen te leven, eerder en vaker te scheiden en in hun persoonlijke beslissingen meer op zichzelf te vertrouwen dan op de pastoor of de baas, is niet door politiek of overheid te beïnvloeden. Ook de door conservatieven gewenste tegenbeweging van grotere onderworpenheid aan gemeenschappen vindt alleen plaats als mensen daar zelf behoefte aan hebben. Individualisering vertegenwoordigt echter ook een politiek ideaal. Dat is, om Wijffels nog eens aan te halen, de ontwikkeling van persoonlijk bewustzijn, die leidt tot grotere verantwoordelijkheid voor het geheel. Dat is het ideaal van zelfstandig en verantwoordelijk burgerschap. In de woorden van de filosoof Savater: 'De vorm van sociale integratie en participatie die is gebaseerd op het delen van dezelfde rechten en niet op het behoren tot een bepaalde groep op grond van bloedverwantschap, culturele traditie, economische status of erfelijke hiërarchie.' Burgerschap ontstaat ook niet, zou ik eraan willen toevoegen, doordat wij als consumenten behoren tot dezelfde markt. Voor dit ideaal van burgerschap zijn emancipatie en democratisering de noodzakelijke voorwaarden. Deze zijn onvoldoende vervuld. Volgens Savater is de zelfstandige en gelijkwaardige deelname van alle burgers aan onze samenleving 'het meest behartenswaardige politieke project van onze tijd'.[99] Daar sluit ik me bij aan.

7
Een staat van vertrouwen

De school van mijn kinderen wordt bevolkt door Turkse en Marokkaanse kinderen. De moeders die hen brengen en halen spreken dikwijls niet of slecht Nederlands. De vrouwen zijn ongeschoold en ze hebben weinig bewegingsvrijheid. Soms beperkt hun actieradius zich tot zo'n 100 meter: van huis, via de supermarkt naar school. Het eenvoudige verzoek om hun kinderen bij ons thuis te laten spelen is dan een brug te ver: ons huis ligt 50 meter uit de gebruikelijke route en de naamborden van de straten zijn onbekend. Omdat de school zich realiseert dat de toekomst van de kinderen van hen afhangt, krijgen de moeders veel aandacht. Er zijn dagelijkse ouderactiviteiten en regelmatige uitstapjes. Het belangrijkste is de Nederlandse les. De school heeft er een leerkracht voor aangetrokken die de moeders niet alleen de vereiste taalvaardigheid uit de inburgering bijbrengt, maar die hun ook wegwijs maakt in doktersbezoek en het begrijpen van de nieuwsbrieven van de school.

Althans, dat deed de school totdat de nieuwe inburgeringswet van kracht raakte. Toen bleek de informele en laagdrempelige omgang met allochtone vrouwen niet te passen in de landelijke vereisten en aanvullende regels van de gemeente Amsterdam. Taallessen moeten nu namelijk worden aanbesteed bij zelfstandige uitvoerders. Als de school door wilde gaan, dan moest zij de aanbestedingsprocedure doorlopen. Voor een gewone basisschool drukte dit bureaucratische circus veel te zwaar op de schaarse mensen en middelen. Nadat uiteindelijk, na eindeloos overleg en gedoe, de horde van de aanbesteding was genomen, bleek dat de gemeente de school geen zeggenschap wilde geven over plaatsing van de cursisten. De gemeente wilde centraal vaststellen wie waar welke cursus volgt. Dat betekende dat de moeders mogelijk op andere plaatsen buiten de wijk les zouden krijgen en de school onbekende cursisten mocht verwelkomen. Na maanden touwtrekken werden de cursussen hervat, zonder een enkele wijziging in het aanbod en het cursistenbestand. De tussenliggende periode was echter wel gevuld met thuiszittende moeders, frustratie en ergernis.

Het is een willekeurig, maar niet onschuldig voorbeeld. Overal in de publieke sfeer worstelen leerkrachten, verplegers, jeugdcoaches, reclasseringsmedewerkers en maatschappelijk werkers met onnodige bureaucratische hindernissen. De tijd die ze willen besteden aan kinderen, ouderen, gehandicapten en zieken gaat dikwijls verloren aan het invullen van formulieren, het verplicht opstellen van protocollen en aan het afleggen van verantwoording over de financiën en de werkwijze. Ze onderhandelen met talloze marktpartijen over bijvoorbeeld het vervoer van kinderen en zieken en ze organiseren zich een slag in de rondte om bureaucratische instanties op één lijn te krijgen. Ondertussen proberen ze niet gefrustreerd te raken en met liefde hun werk te blijven doen.

Naar schatting werkt er een miljoen mensen in de publieke sector. Deze professionals hebben met elkaar gemeen dat zij zich allemaal bezig houden met mensen. In zijn boek *Ontregelen* laat Jos van der Lans pijnlijk zien hoe deze professionals onzichtbaar zijn geworden in de politiek en in het beleid. Zij worden weliswaar opgezadeld met een telkens grotere verantwoordelijkheid voor de oplossing van allerlei maatschappelijke problemen, maar hun ervaringen, verhalen en oplossingen zijn gedevalueerd tot prestatiestatistieken. In Van der Lans' woorden: 'Eigenlijk wordt hun rol in de meeste beschouwingen over maatschappelijke problemen kortheidshalve samengevat door het woord "er". *Er* moet hard worden opgetreden, *er* moet eerder worden ingegrepen, *er* gaat wat aan gedaan worden. Wie "er" is, wat die "er" al die tijd heeft uitgespookt, wat die "er" er eigenlijk zelf van vindt, lijkt niet relevant. Als *er* maar wat gebeurt.'[100]

Sinds een groot aantal jaren waarschuwt de vicevoorzitter van de Raad van State, Herman Tjeenk Willink, voor bureaucratisch management in de publieke sfeer. Hij beschouwt het als een kostbaar misverstand dat burgers als consumenten of cliënten door de overheid als bedrijf beter worden bediend. 'Burgers herkennen zich daar veelal niet in en hebben van de wijze waarop zij worden bediend vaak last.'[101] Volgens Tjeenk Willink is de moderne bureaucratie niet meer 'dienend' maar is het een zelfstandig functionerend systeem geworden met haar eigen regels en mores, waarbij het gaat om 'producten, kostentoedeling, prestatiemeting, afrekenen'.[102] De voorbeelden zijn legio. De politie werkt op prestatiecontracten. Agenten krijgen een harde 'target' van een minimum aantal uit te schrijven bekeuringen. Dat betekent dat agenten parkeerbonnen moeten gaan 'scoren' en nog maar weinig tijd hebben om naar de verhalen van burgers te luisteren. Laat staan dat zij nog gevoelig kunnen zijn voor het redelijke argument van een potentiële wetsovertreder om 'voor deze ene keer' af te zien van de bekeuring. Of agenten dit zelf werkbaar, effectief en in overeenstemming met hun beroepsopvatting vinden, doet niet ter zake.

In de thuiszorg moet worden gewerkt met 'indicatiestellingen'. Dat wil zeggen dat iedereen die een verzoek doet voor thuiszorg gedetailleerd wordt onderzocht en beoordeeld op zijn gebreken en behoeften. Daarbij wordt onderscheid gemaakt naar 'functies' en 'klassen', om uiteindelijk in een ragfijn stelsel van regels en minuten (zoals ik eerder beschreef) een 'zorgaanbod' te krijgen. De zorgverleners dienen in de eerste plaats de bureaucratische vereisten nauwkeurig na te leven, en komen daarna pas toe aan menselijk contact. Ook als je bijvoorbeeld ouder bent van een gehandicapt kind, dan zal dat kind 'geïndiceerd' moeten worden. Er volgt een indicatie voor het onderwijs, voor het leerlingenvervoer en voor de zorg waarop het kind recht heeft. Voor de ouders vormt dit een zware belasting en voor de professionals die het kind lesgeven, begeleiden en verzorgen betekent dit stress en oneigenlijke prioriteiten.

Volgens Tjeenk Willink wordt het bureaucratisch management versterkt en in stand gehouden door een netwerk van 'overheid en markt, ambtenaren en deskundigen, rekenmeesters en onderzoekers, communicatiedeskundigen en toezichthouders, (externe) adviseurs en managers'. Het gaat om mensen die dezelfde taal spreken, langs dezelfde lijnen denken en geloven in dezelfde bedrijfsmatige aanpak van grote maatschappelijke problemen. Dit netwerk vormt een bepalende laag tussen de politiek en de dagelijkse werkelijkheid van leerlingen en leraren, dokters en patiënten. Het meest problematische is dat die dagelijkse werkelijkheid hierdoor 'slechts in aangepaste vorm' doordringt tot de politiek, aldus Tjeenk Willink.

De Commissie-Dijsselbloem heeft zichtbaar gemaakt welke dramatische gevolgen deze tussenlaag heeft gehad voor het onderwijs.[103] In de jaren negentig werden de grote onderwijsvernieuwingen, zoals bijvoorbeeld de basisvorming, door de paarse regeringen geheel uitbesteed aan zelfstandig procesmanagement. Deze ingehuurde en duurbetaalde adviseurs bepaalden het onderwijsbeleid, bestookten het onderwijs met eigen 'visies', bemoeiden zich met de inhoud van het onderwijs en met de stijl van lesgeven. Signalen die van leraren en anderen kwamen dat de megalomane vernieuwingen hun voor grote en onoplosbare problemen plaatsten werden steevast genegeerd. Parlementariërs werden 'belobbyd' om de voorgestelde 'concepten' en 'formules' ook van een democratische meerderheid te voorzien. Regering en parlement namen de door procesmanagers gepresenteerde versie van de werkelijkheid vrijwel klakkeloos over en de rest is inmiddels een duurbetaalde en tragische geschiedenis.

Als de nauwkeurige reconstructie van de Commissie Onderwijsvernieuwing zou worden uitgebreid naar de sociale zekerheid, de zorg of het openbaar vervoer, dan zou dat zonder twijfel leiden tot een vergelijkbare analyse. Vrijwel overal in de publieke sfeer bestaat er een laag tussen de politiek verantwoordelijken en de praktische uitvoerders, die aan niemand verantwoording aflegt, zeer invloedrijk is en opereert vanuit een eigen rationaliteit. Deze tussenlaag heeft vooral macht kunnen verwerven door de dwingende politieke opvatting van de laatste decennia dat de publieke dienstverlening van de overheid als 'bedrijf' moet worden aangestuurd. Analoog aan échte bedrijven moeten vervolgens de financiën zo beheersbaar en efficiënt mogelijk worden besteed, en de resultaten van de investeringen zo nauwkeurig mogelijk worden gemeten.

In werkelijkheid levert het bedrijfsmatige denken in de publieke sector vooral slachtoffers op. Verplegers, hulpverleners en politieagenten hebben wel heel goed leren boekhouden. Hoogleraar burgerschap Evelien Tonkens spreekt zelfs van een 'performance paradox'. In het huidige systeem van meten en afrekenen is het namelijk heel goed mogelijk om op papier een hele goede zorg- of hulpverlener te zijn, terwijl het in werkelijkheid helemaal niet goed gaat. Aangezien goed schriftelijk rapporteren belangrijker wordt dan goede zorgen, gaat daar ook telkens meer tijd naartoe.[104] Het scoren van rooskleurige getallen is daarentegen iets heel anders dan het luisteren naar verhalen. Een goede leraar, agent of hulpverlener ben je pas als je ook tijd hebt voor menselijk contact.

Dit is in de eerste plaats een drama voor de professionals zelf. Als je bijvoorbeeld, na een net afgeronde hbo-opleiding, aan de slag gaat als bijstandconsulent bij een sociale dienst, dan heb je idealen. Tegen een matig loon ben je bereid om dag in dag uit kwetsbare en kansarme mensen te helpen een plek op de arbeidsmarkt te vinden. Het grote tijdsbeslag van rapporteren en verantwoording afleggen is dan een koude douche. De scheve verdeling van tijd tussen rapporten schrijven en mensen ondersteunen dwingt je eens temeer om te 'scoren'. Een goede papieren performance bied je namelijk de garantie dat je je werk ook in de toekomst mag blijven doen. Dat noodzaakt je om je klanten te selecteren op de aanmerkelijke kans die zij hebben om in te stromen op de arbeidsmarkt. Als het niet lukt om een bijstandgerechtigde te helpen, dan kun je er ook beter niet al te veel gespreksstof aan wijden, want dat doet afbreuk aan het succes van de organisatie waarvoor je werkt.

Bij talloze publieke en sociale instellingen is een onderkend probleem dat door de wijze van financieren en verantwoorden 'de room van de melk' wordt afgehaald. 'Outputfinanciering'[105] en efficiencydenken bij bijvoorbeeld de reclassering, hebben ertoe geleid dat jongeren die de meeste aandacht nodig hebben tussen wal en schip vallen. Naarmate de kans groter is dat jongeren terugvallen in de criminaliteit, besteden reclasseringsmedewerkers minder aandacht aan hen.[105]

Of het nu bijstandconsulenten, reclassering- of thuiszorgmedewerkers zijn, de druk om succesvol te zijn en te scoren conflicteert met de eigen beroepsethiek. Niet de mensen die de aandacht het meeste nodig hebben, krijgen deze ook, maar de mensen die er naar verhouding het beste voor staan. Dat kan cynisch stemmen en tot demotivatie leiden.

Ook voor de publieke instellingen, zoals het onderwijs, waar succes en falen minder gedetailleerd wordt gerapporteerd, is het bedrijfsmatige efficiencydenken een probleem. Essayist Cyrille Offermans beschreef eens de inspanningen van een lerares op een zwarte achterstandsschool: 'Wie zich werkelijk inlaat, van dag tot dag, met opvoeding en emancipatie, die weet hoeveel moeite het kost om systematisch verwaarloosde en vaak geminachte kinderen zo veel vertrouwen te schenken dat ze een zeker zelfvertrouwen, een zeker verantwoordelijkheidsgevoel kunnen ontwikkelen dat ze nu en later heel hard nodig zullen hebben.'[107] Het efficiencydenken leidt, met andere woorden, tot een overwaardering van vooruitgang en verbetering en tot de miskenning van de waarde van onderhoud, contact en aandacht. De inspanningen van de lerares om elke dag kwetsbare kinderen te steunen, laten zich niet vangen in een efficiency-index, maar dat maakt ze niet minder belangrijk.

Grote en kleine burgers hebben last van een overheid die als bedrijf wil opereren. In de publieke sector wordt overal kunstmatige schaarste gecreëerd om de efficiency op te drijven en de kosten te beheersen. Dit leidt tot wachtlijsten en inperking van de tijd voor persoonlijke aandacht. De meest kwetsbare en kansarme mensen worden daarbij het hardste getroffen aangezien zij de meeste aandacht vergen, het meest 'kostbaar' zijn en het zwaarste beslag leggen op de tijd en aandacht van professionals. Dat leidt er dikwijls toe dat zij achteraan worden geplaatst of worden genegeerd.

In het algemeen hebben de mensen die het beste hun rechten kennen, deze het beste kunnen verwoorden, en weten waar en hoe klachten in te dienen, een voorsprong op anderen. Kenmerkend aan een overheid die zichzelf ziet als een bedrijf, is dat zij haar burgers ziet als de afnemers van producten, en dus als consumenten. Tjeenk Willink beschrijft dat burgers op de 'markt' van publieke diensten de afgelopen jaren meer te kiezen hebben gekregen. Dat is onmiskenbaar waar, hoewel slechts in beperkte delen van de publieke sector. Bijvoorbeeld de introductie van 'persoonsgebonden budgetten' moet ertoe leiden dat ouderen, gehandicapten of chronisch zieken een budget krijgen om zelf een 'pakket' van zorg en hulp samen te stellen. Deze keuzemogelijkheden zijn op zichzelf te prijzen. Maar de schaarste in de publieke sector, het bureaucratische circus van 'indicatiestellingen' en de controle die daarbij hoort, doen de voordelen van een ruimer aanbod grotendeels teniet. Daarbij wordt van mensen verwacht dat zij zich calculerend opstellen. Ze moeten hun eigen belangen wegen en deze (altijd) boven die van anderen stellen.

Bovendien is de zeggenschap van mensen over de publieke dienstverlening niet bepaald toegenomen, zeker niet als deze in commerciële handen is gekomen. Dit blijkt bijvoorbeeld bij de huishoudelijke hulp waarop veel ouderen recht hebben die gebruikmaken van thuiszorg. Sinds enige tijd zijn gemeenten verantwoordelijk voor de thuiszorg en deze wordt dikwijls uitbesteed aan commerciële partijen die efficiënter en goedkoper zouden produceren. De traditionele thuishulpen die ook tijd, zorg en aandacht gaven en vaak langdurig bij mensen over de vloer kwamen, worden vervangen door schoonmaakbedrijven. Weliswaar leidt dit tot enige geldbesparing (hoewel commerciële tarieven zelden veel lager liggen), maar ook tot onzekerheid en vervreemding bij de betrokken ouderen. De Nationale Ombudsman die dit voorbeeld aanhaalt, stelt dat de betrokken ouderen heel bijdehand moeten zijn om hun hulp goed geregeld te krijgen. Als zij dat niet (meer) zijn, dan zijn hun familieleden veel tijd en frustratie kwijt aan de organisatie van de thuiszorg.[108]

Zowel de vicevoorzitter van de Raad van State als de Nationale Ombudsman concludeert dat door het efficiencydenken het vertrouwen tussen burgers en de staat ernstig op de proef wordt gesteld. Burgers voelen zich gewantrouwd door de staat die hen behandelt als calculerende klanten, en op hun beurt wantrouwen zij de staat omdat deze hun welzijn niet voorop stelt. In de woorden van Tjeenk Willink: 'Vertrouwen blijkt (dan) ook een economische waarde.'[109] Er zit bovendien een adder onder het gras. Toenemend wantrouwen tussen burgers en overheid leidt tot de bevestiging dat efficiency, bedrijfsmatig handelen en de toenemende controle noodzakelijk zijn. De overheid behandelt burgers als klanten die calculeren, en burgers calculeren inderdaad omdat zij zo hun eigenbelang het beste dienen. Dit betekent dat niet alleen de kosten, maar ook de burgers in hun egoïsme beheerst moeten worden. Het wantrouwen bij de burgers jegens de overheid voedt het wantrouwen bij diezelfde overheid jegens haar burgers. Dat zet een neerwaartse spiraal in werking van verzakelijking, wantrouwen en verharding.

In de politiek en daarbuiten wordt het probleem van verzakelijking en verharding al jaren erkend. Dit leidt tot talloze voorstellen die het allen verdienen om serieus te worden genomen. De Commissie Onderwijsvernieuwing stelt bijvoorbeeld terecht voor om de tussenlaag van zelfstandig procesmanagement zoveel mogelijk weg te halen, de financiële regimes waar scholen onder lijden te versoepelen, en de zelfstandigheid en status van leraren te vergroten. Evelien Tonkens pleit ervoor om de weerbaarheid en zeggenschap van burgers te vergroten door burgerpanels, gebruikersraden en burgerjury's in te stellen. Ook wil zij dat de zeer gedetailleerde en bureaucratische controle van de overheid op bijvoorbeeld leraren, jeugdcoaches of reclasseringsmedewerkers plaatsmaakt voor onderlinge beoordeling en visitaties. Jos van der Lans formuleert een groot aantal principes om 'de bureaucratische beklemming te ontregelen', variërend van alternatieve verantwoording, professionele 'ongehoorzaamheid' tegen nieuwe bureaucratie en nieuw paternalisme tot het recht van professionals om mensen afwijkend en ongelijk te mogen behandelen.

Alle voorstellen hebben met elkaar gemeen dat de dagelijkse werkelijkheid van leerlingen en leraren, artsen en patiënten wordt bevrijd van de overtollige ballast van prestatiemetingen en afrekeningen, zodat deze weer midden in het blikveld van de politiek terechtkomt.

Toch lijkt dit maar niet te lukken. Want hoewel het goede voorstellen regent, en politici vrome voornemens formuleren over de 'frontsoldaten', zoals de werkers in de publieke sector nu heten, heeft het bureaucratisch management een eigen rationaliteit. Terwijl de Tweede Kamer eensgezind stelt dat het afgelopen moet zijn met megalomane onderwijsvernieuwingen die uit de kokers komen van procesmanagers, kijkt zij ook toe hoe zelfstandig opererende, en democratisch oncontroleerbare 'sectorraden' het middelbaar en hoger onderwijs dirigeren. Van der Lans haalt een voorbeeld aan van een vrijwilligersorganisatie waarin de vrijwilligers nu hun tijd moeten gaan bijhouden omdat 'in een tijd van aanbestedingen de opdrachtgevers dat verlangen'. Het lijkt dan inderdaad net alsof we te maken hebben met een 'onzichtbaar bezettingsleger dat telkens zint op nieuwe annexaties,' zoals Van der Lans het noemt.[110] Maar een dergelijke omschrijving neigt naar onvermijdelijkheid en doet ons vergeten dat de bedrijfsmatige overheid ooit ergens is verzonnen: in de politiek.

Een paar jaar geleden debatteerde ik met premier Balkenende in de Tweede Kamer over zijn campagne 'normen en waarden'. Die campagne – met als motto 'fatsoen moet je doen' – richtte zich vooral op kleine, veel voorkomende ergernissen zoals hondenpoep, bumperkleven, opgestoken middelvingers enzovoort. Ik vond dat het gedrag van de staat onterecht buiten beschouwing bleef en legde de premier het volgende morele dilemma voor: moet de staat zijn burgers vertrouwen, ook al leidt dat tot enig en misschien zelfs aanzienlijk misbruik van sociale voorzieningen, of moet de staat zijn burgers wantrouwen, ook al lijden de goeden daarmee onder de slechten? De achtergrond van de vraag was de behoefte bij politici om *freeriders*-gedrag in het gebruik van de publieke voorzieningen tot het uiterste tegen te gaan. De eerste drie kabinetten-Balkenende trachtten met grote hervormingen van de WAO, de WW en het zorgstelsel misbruik en oneigenlijk gebruik zoveel mogelijk in te dammen. Dat daarmee ook goedwillende en kwetsbare mensen aan dikwijls hardvochtige selectie en controle werden onderworpen, werd voor lief genomen.

De werkwijze van deze kabinetten was niet nieuw. Ook eerdere kabinetten hadden zich toegelegd op het tegengaan van misbruik en oneigenlijk gebruik, vooral door het gebruik van economische prikkels. Dat was oorspronkelijk ook te rechtvaardigen. Met name onder de kabinetten-Den Uyl en -Van Agt waren de publieke uitgaven de pan uitgerezen. In tien jaar tijd stegen de publieke uitgaven van 45 naar 60 procent van het bruto binnenlands product. In 1982 bedroeg het financieringstekort 6,2 procent en daar stonden geen mooie economische cijfers tegenover.[III] De economie draaide niet en begin jaren tachtig liep de werkloosheid op naar zo'n 10 procent van de beroepsbevolking. Geleidelijk nam ook het aantal arbeidsongeschikten toe.

In de jaren tachtig leerden politici dat mensen en bedrijven reageren op economische prikkels. Als belastingen te hoog zijn, dan investeren ondernemers niet. Als uitkeringen te riant zijn ten opzichte van het arbeidsloon, dan gaan mensen niet werken. Als er een onbegrensd recht is op publieke voorzieningen, dan gaan te veel mensen daar te weinig prudent mee om. En aan de andere kant van het loket gingen overheidsdienaren ook in vrijheid hun gang. Het budget voor welzijnswerkers en zorginstellingen was zo ruim dat er geen noodzaak was tot zuinig zijn. Ook ambtenaren in overheidsdienst trachtten de beschikking te krijgen over meer geld, zelfs als dit niet noodzakelijk was om de dienstverlening te verbeteren, maar omdat dit prestige opleverde.

Op de arbeidsmarkt hebben economische prikkels tot op zekere hoogte een gewenst effect gehad. Dankzij specifieke sociale regelingen en financiële prikkels is werken meer, en een uitkering minder aantrekkelijk gemaakt. Dit neemt niet weg dat de arbeidsmarkt nog altijd te veel outsiders kent. De bestaande sociale regelingen hebben weinig effect en voordelen voor bijvoorbeeld vrouwen, jongeren met weinig opleiding of werkloze ouderen. Positieve en negatieve economische prikkels kunnen – ook hier – van waarde zijn, mits het publieke belang waartoe zij worden aangewend nauwkeurig is geformuleerd. Hoewel er politiek verschil van mening is over de mate waarin de staat hiervoor verantwoordelijkheid draagt, is er wel publieke en politieke consensus dat ook kwetsbare groepen mensen economisch zelfstandig moeten zijn en een maatschappelijk perspectief verdienen.

Bij de publieke dienstverlening in de zorg, het onderwijs of het openbaar vervoer is het publieke belang nauwelijks gedefinieerd. Tegelijkertijd worden marktwerking en economische prikkels zonder enige terughoudendheid ingezet. Verzelfstandigingen, halfslachtige marktwerkingoperaties en het optuigen van uitdijende controleapparaten hebben als enig doel het efficiënt en doelmatig besteden van belastinggeld. Misbruik moet worden tegengegaan, de *freeriders* moeten er worden uitgefilterd en de toegang tot voorzieningen moet worden versmald. Waaraan het geld wel moet worden besteed, is een vraag die zelden wordt beantwoord. Wat er voor minder geld in ieder geval wel moet gebeuren, blijft ook onbeantwoord. De grote hervormingen van de afgelopen jaren hadden 'efficiency' als enige doelstelling en waren daardoor richtingloos en zonder aanzien des persoons: goedwillende burgers werden met hetzelfde wantrouwen benaderd als kwaadwillenden en hun terechte beroep op bijstand, hulp en ondersteuning werd met dezelfde bureaucratische procedures ontmoedigd. Na dertig jaar kunnen we ook nog eens vaststellen dat het niet goedkoper is geworden. De dikke managementlagen en controleapparaten kosten handenvol geld. Bovendien is niemand meer tevreden over de wijze waarop publieke taken worden uitgevoerd. De burgers niet, de professionals niet en veel politici ook niet. De reden is dat in alle hervormingen het zicht is verloren op de reden voor, en de bedoeling van publieke dienstverlening.

Toen ik premier Balkenende het dilemma voorlegde van wantrouwen met aanvaarding van slechte behandeling van goedbedoelende mensen, of vertrouwen met aanvaarding van misbruik door kwaadwillenden, gaf hij geen antwoord. Het is ook niet aantrekkelijk om in deze schematische weergave in een van beide kampen terecht te komen. In het eerste geval ben je cynisch jegens de burgers die je dient en in het tweede geval ben je naïef jegens de mensen die je uitlachen. Maar een keuze voor vertrouwen is onvermijdelijk. Het bureaucratisch managementsysteem is ontaard in geïnstitutionaliseerd wantrouwen. Burgers worden niet vertrouwd omdat zij altijd misbruik zouden maken; professionals worden achterdochtig benaderd omdat zij niet zorgvuldig met belastinggeld zouden omgaan, politici worden gewantrouwd omdat zij niet het beste met burgers zouden voorhebben. In deze vicieuze cirkel van wantrouwen zijn regels, protocollen en 'targets' de enige uitkomst.

Deze cirkel moet worden doorbroken. Het belangrijkste is dat politici de verantwoordelijkheid nemen voor de definitie van het publieke belang. Dat begint met de erkenning dat in de publieke sector diensten worden aangeboden die de markt niet levert, noch kan leveren, om de simpele reden dat er geen financiële winsten worden behaald. In de publieke sector wordt materiële en immateriële bijstand verleend aan mensen die het nodig hebben. Dit behelst de zorg voor de meest kwetsbaren, onderwijs dat ook de minder getalenteerde jongeren vooruitgang biedt en bemiddeling naar werk voor de kansarmen. Maar een goed functionerende publieke sfeer, met goede scholen, schone ziekenhuizen, bloeiende culturele instellingen en veilige openbare ruimten, draagt ook bij aan de algemene kwaliteit van leven, aan het geluk en welzijn van alle mensen in ons land. Publieke instellingen verstrekken niet alleen zorg of uitkeringen maar zij vertegenwoordigen en verspreiden ook belangrijke publieke waarden van rechtmatigheid, rechtvaardigheid en solidariteit. De professionals in de publieke sector zijn de belangrijkste dragers van deze publieke waarden en verdienen – ook daarom – respect en vertrouwen.

Zo geformuleerd is het publieke belang van een goed functionerende publieke sector heel groot. Politici normeren de kwaliteit en de toegankelijkheid en dat doen ze, niet in de laatste plaats, door hiervoor de noodzakelijke financiën vrij te maken. Tegelijkertijd zullen zij de uitvoering veel meer over moeten laten aan professionals. Het gaat vaak om moeilijk werk, met telkens wisselende noden en behoeften van burgers. Om dat werk goed te kunnen doen, hebben professionals de vrijheid nodig om te experimenteren, zonder dat zij met de permanente angst voor 'afrekening' leven. Dit betekent ook dat de politieke verantwoordelijkheid voor succes en falen in de publieke sector groter moet worden. Politici moeten direct en rechtstreeks aan te spreken zijn op de kwaliteit van de dienstverlening. In het eerder aangehaalde voorbeeld van het meisje Savanna dat onder de hoede van jeugdzorg stond maar door iedereen werd verwaarloosd, zijn de verantwoordelijke hulpverleners hard ter verantwoording geroepen. Onterecht echter bleven de bewindspersonen en het parlement, die verantwoordelijk zijn voor de grote tekorten en werkdruk in de jeugdzorg, buiten schot.

Politieke verantwoordelijkheid moet actief en zichtbaar worden vormgegeven. Zoals ook Tonkens en Van der Lans bepleiten, moeten regering en parlement maatregelen treffen om de werkvloer te 'ontregelen' en de hiërarchische, bureaucratische controle te vervangen door onderlinge beoordeling en visitatie. Leidinggevenden en medewerkers van publieke instellingen moeten met regelmaat in de Kamer en in gemeenteraden uitleg kunnen geven en verantwoording kunnen afleggen. Datzelfde geldt voor vertegenwoordigers van medezeggenschaps- en cliëntenraden. Volksvertegenwoordigers en burgers krijgen dan informatie over de dienstverlening, terwijl professionals en cliënten hun verhaal kunnen doen. Dit stimuleert het politieke debat tussen politici en de mensen in de uitvoering, en het vermindert de macht van (de tussenlaag van) bureaucratisch management.

We mogen van de jaren zeventig geleerd hebben dat de afwezigheid van aansturing van professionals en een onbegrensd recht op publieke voorzieningen voor burgers, leidt tot de uitholling ervan door overmatig gebruik en misbruik. We moeten daar dan ook niet naar terug willen. Tegelijkertijd heeft de bureaucratische en bedrijfsmatige indamming in de jaren daarna een cultuur van wantrouwen gekweekt die de publieke sector in haar kern aantast. Tussen deze twee uitersten zal een midden moeten worden gevonden dat drijft op wederzijds vertrouwen, samenwerking en gedeelde, kritische verantwoordelijkheid van burgers, professionals en politici.

8
Zin in de toekomst

Een olietanker verleg je niet zomaar van koers. Toch, als je tijdens het uitvaren van de haven van Rotterdam een klein rukje aan het roer geeft, dan zal de tanker niet aanmeren in New York maar duizenden kilometers verderop in Midden-Amerika. Het is een illusie te veronderstellen dat onze samenleving met een flinke klap kan worden bevrijd van de hyperconsumptie, haast en hufterigheid. Voor elk politiek ideaal of programma geldt dat het alleen geleidelijk, met kleine rukjes aan het roer, verwezenlijkt kan worden. Dit neemt niet weg dat kleine politieke ingrepen nu grote gevolgen kunnen hebben voor de koers van onze samenleving op de lange termijn.

Er is alle reden om onze samenleving langzaam maar zeker een andere kant op te duwen. Onze dagelijkse jacht op maximale economische groei, grotere materiële welvaart en luxe, brengt ons niet het welzijn waarop we hopen. De negatieve neveneffecten van harde competitie, sociaal conflict, stress en hufterigheid tasten ons persoonlijke geluk en de veerkracht van onze samenleving zelfs aan. Daarbij putten wij onze natuurlijke omgeving, waarvan onze welvaart ook afhankelijk is, in een hoog tempo uit.

Bovendien is de overtuigingskracht van de klassieke politieke boodschap van groei 'koste-wat-kost' niet erg groot meer. Het cliché dat 'de koek groter moet worden' om iedereen te kunnen laten mee-eten, is gelogenstraft door de grotere sociale en inkomenstegenstellingen. De gunstige economische resultaten van de paarse bestuurders destijds konden ook niet verhinderen dat zij tijdens de verkiezingen fors werden afgestraft. Het gebrekkige vertrouwen in de daaropvolgende regeringen duidt op dezelfde tegenstrijdigheid tussen economisch maximalisme en publieke tevredenheid. Het gemakzuchtige antwoord van premier Balkenende dat ontevredenheid van burgers over de samenleving en de politiek het gevolg is van een 'te negatief zelfbeeld' is een miskenning van reële zorgen en angsten.

Veel mensen hebben het gevoel nauwelijks greep te hebben op hun eigen omgeving en de samenleving waarvan ze deel uitmaken. Hun onvrede over de staat van de publieke sfeer vindt te weinig gehoor of leidt tot aanpassingen die zij nauwelijks begrijpen. De voorbeelden die ik eerder gaf van de grote onderwijsvernieuwingen van de afgelopen decennia of de meer recente veranderingen in de thuiszorg, zijn treffend. Globalisering en de opkomst van concurrerende economieën, Islamitisch terrorisme en de angst voor wereldwijde klimaatverandering ondermijnen het vertrouwen in vooruitgang van onze samenleving verder.

Het overgrote deel van de politieke interventies is negatief gemotiveerd en dit voedt de angst en zorgen die er toch al zijn. Maatregelen worden vooral genomen tegen de 'onbetaalbaarheid' van de vergrijzing, 'verloedering' en 'grote onveiligheid', 'wangedrag' van jongeren, moslims en allochtonen, het 'gevaar' van religieus fundamentalisme of de 'overstroming' ('tsunami') door migranten. De meeste politieke partijen bieden weinig meer dan bescherming tegen, en beheersing van de gevaren: een behoud van de status-quo in een wereld die van kwaad tot erger gaat. Het maakt onze gezamenlijke toekomst weinig aanlokkelijk.

Ik ben ervan overtuigd dat onze samenleving wel degelijk een perspectief van vooruitgang heeft: van duurzame welvaart, eerlijke economische verhoudingen, sociale rechtvaardigheid en groter welzijn. Net zo zeker ben ik ervan dat de grauwsluier van onzekerheid en ontevredenheid die over de Nederlandse samenleving hangt, kan worden gelicht ten gunste van gezamenlijke zin in de toekomst.

In de vorige drie hoofdstukken beredeneerde ik welke omwenteling in de dominante politiek-ideologische opvattingen over economie, mens en staat dit vereist. De economische politiek moet ten dienste komen te staan van vermeerdering van ons geluk en welzijn en niet langer maximale groei als enig doel hebben. Het negatieve mensbeeld van calculerende consumenten die moeten worden beheerst en gedisciplineerd, moet wijken voor een positiever besef dat ontplooiing, emancipatie en democratisering bijdragen aan zelfstandig en verantwoordelijk burgerschap. Dit moet ook het afscheid betekenen van het geïnstitutionaliseerde wantrouwen tussen de staat en zijn burgers, ten gunste van een wederzijdse staat van vertrouwen.

Ik ben mij er ten volle van bewust dat de politiek-ideologische omwenteling die ik bepleit, alleen langzaam en met horten en stoten tot stand komt. Zoals ik mij ook realiseer dat elk pleidooi voor een meer positief mens- en maatschappijbeeld kan rekenen op een forse dosis cynisme. In het politieke debat spreken de frauderende uitkeringstrekker, de disfunctionerende jongerenwerker en de 'K...Marokkanen' immers altijd meer tot de verbeelding dan hun gezagsgetrouwe, goedwillende spiegelbeelden. Net zo goed als de repressieve afstraffing ook altijd een daadkrachtiger politieke reactie lijkt dan de zachtere 'tweede kans', of zoals de 'harde afrekening' in de publieke sector gemakkelijker steun verwerft dan het 'goede vertrouwen'. Kortstondige publieke adhesie maakt een politieke opvatting echter niet per se tot de juiste. Wantrouwen en cynisme liggen ten grondslag aan de problemen van hyperconsumptie, haast en hufterigheid: deze kunnen daarop geen overtuigend antwoord zijn.

In opvattingen of idealen alleen, kun je – vrij naar Jan Schaefer – niet wonen. De koers van de samenleving wordt verlegd met behulp van kleine en grote politieke maatregelen: rukjes aan het roer. In dit laatste hoofdstuk schets ik in een paar grove penseelstreken de contouren van een gelukkiger land. Daarbij besteed ik niet aan alle denkbare beleidsterreinen aandacht – dat zou een boek op zichzelf zijn – maar beperk ik me tot een aantal onderwerpen: omdat de bijdrage ervan aan het geluk van onze samen-leving onomstreden en doorslaggevend groot is (zoals bij arbeid en onderwijs), of omdat het belang ervan ten onrechte wordt miskend (zoals bij de ruimtelijke ordening).

Eerlijk groeien, eerlijk delen

Tijdens het schrijven van dit essay bereikte de internationale kredietcrisis haar voorlopige dramatische hoogtepunt. In de Verenigde Staten nam de Bush-administratie het historische besluit om Wall Street met 700 miljard aan belastinggeld te injecteren. De Nederlandse staat is banken en verzekeringsinstellingen inmiddels voor miljarden bijgesprongen, net zoals in andere Europese landen is gebeurd. Hoewel een acute financiële ramp voorlopig is afgewend, wijkt het gevaar van een economische recessie niet zomaar.

Het lijkt erop dat de schok van de crisis leidt tot de internationale én Amerikaanse erkenning dat het financiële verkeer heldere, strenge regels nodig heeft. Dat betekent vooral scherper financieel toezicht op de wildgroei aan onbegrijpelijke, financiële producten waarmee banken en verzekeraars hun kortetermijnwinsten en bonussen opdrijven. Daar waar jarenlang de nadruk heeft gelegen op gehaaide 'financiële innovaties', zou het traditionele bankieren waarbij er voldoende reservekapitaal is en grote leningen beter op risico's worden getoetst, aan status kunnen winnen. Dat is ook broodnodig.

Inmiddels wordt ook breed erkend dat de financiële crisis de uitdrukking is van de Amerikaanse economische politiek die de afgelopen jaren juist – en helaas – internationale navolging heeft gekregen. De kredietcrisis maakt hardhandig de keerzijde zichtbaar van de talloze belastingverlagingen voor de hogere inkomens en het bedrijfsleven, en de blinde obsessie met marktwerking. De beruchte uitspraak van Ronald Reagan 'the government is not the solution, it's the problem', waarmee hij het economische neoliberalisme introduceerde, heeft geleid tot een diep wantrouwen jegens de overheid. Het zijn vooral de lagere (midden)klassen die hun huizen en inkomen dreigen te verliezen, terwijl zij naar verhouding veel hebben bijgedragen aan de publieke welvaart in de VS. Voor hen ging de afgelopen decennia niet alleen de American Dream van sociale stijging aan diggelen, de kredietcrisis is hun American Nightmare van verdere sociale daling. Bovendien is met dank aan de politieke keuze om de private rijkdom van de hogere klassen nog eens te vergroten, de publieke sector uitgemergeld geraakt. De nieuwe president staat voor de bijna onmogelijke taak om een immens tekort op de begroting te dichten, zonder de belastingen van een wantrouwend electoraat onrechtvaardig te verhogen, en tegelijkertijd te investeren in de gezondheidszorg, het onderwijs en de volkshuisvesting.

Tot dusver blijven de sociale en culturele oorzaken van de kredietcrisis echter onderbelicht: hyperconsumptie en *keeping up with the Joneses*. Dat is onterecht. De grotere inkomens- en sociale tegenstellingen hebben de onderlinge competitie tussen mensen in het zichtbaar etaleren van luxegoederen versterkt. In de hyperconsumptieve samenleving zijn het bezit van een groot huis, een luxeauto en allerlei dure, elektronische gadgets een zelfstandig bewijs van maatschappelijk succes. Terwijl het vermogen van veel mensen om deze aan te schaffen is teruggelopen, neemt de druk – aangejaagd door de 'opzichtige rijken' – om overmatig te consumeren toe. Daardoor groeien de schulden exorbitant, en de stress en sociale spanningen die er het gevolg van zijn.

Gelijkmatige inkomensgroei, waarbij de lagere en middenklassen delen in de welvaart én in een optimistisch toekomstperspectief voor zichzelf en hun kinderen, is een belangrijke rem op hyperconsumptie. Bij gestage vooruitgang, die gelijkelijk over de verschillende inkomensklassen is verdeeld, wordt ontevredenheid en onzekerheid verruild voor vertrouwen in de toekomst. Dan zijn mensen meer bereid om te investeren in de gemeenschap waarvan ze deel uitmaken: in goed onderwijs, in gezondheidszorg en een schoner milieu. Linkse politici verdedigen nivellering of herverdeling van de welvaart doorgaans als rechtvaardig of solidair. Hoe terecht ook, de argumentatie voor verkleining van de inkomensafstanden rust niet enkel op ideële of normatieve overtuigingen. Deze dient ook de stabiliteit en veerkracht van onze samenleving en economie.

Met alle relativering die hoort bij een vergelijking met de Verenigde Staten, ontwikkelt Nederland zich wel geleidelijk in Amerikaanse richting. Harde economische competitie en verschraling van de publieke sector leiden tot het uitstoten van mensen met een lage arbeidsproductiviteit, een ongezonde nadruk op telkens harder werken en tot grotere afstand tussen de inkomens. De belangrijkste les van de kredietcrisis moet zijn om over te gaan op een economisch systeem van verantwoorde groei dat ten dienste staat van verhoging van ons welzijn en geluk. Economische activiteiten die schade berokkenen aan onze natuurlijke omgeving en ons klimaat moeten worden belast: de vervuiler betaalt. Omgekeerd dienen die economische sectoren die mens en milieu dienen, te worden ontlast. Het Nederlandse belastingsysteem heeft een groot aantal perverse prikkels. Vooral het midden- en kleinbedrijf, dat over het algemeen het milieu weinig schade toebrengt, arbeidsintensief en innovatief is, ondervindt er grote hinder van dat arbeid kostbaar is en vervuiling goedkoop. Dat wil ik omkeren.

Ook particulieren ondervinden de perverse prikkels van onze belastingen. Het meest tot de verbeelding sprekende voorbeeld is wel de hypotheekrenteaftrek, waarmee jaarlijks meer dan 10 miljard euro aan overheidsgeld is gemoeid. Deze bevoordeelt de hogere inkomensklassen onevenredig. Bovendien leidt het tot snelle stijging van de huizenprijzen, de verkoop van hoge en risicovolle hypotheken en tot ontoegankelijkheid van de woningmarkt voor jonge mensen en mensen met lage inkomens. Geleidelijke beperking van de hypotheekrenteaftrek tot de mensen die deze echt nodig hebben, is niet alleen rechtvaardig, het is ook een noodzakelijke remedie tegen verhitting van de markt van woningen en hypotheken.

In Nederland is inkomensnivellering al decennialang taboe. Achtereenvolgende regeringen geven zich er in mindere en meerdere mate rekenschap van dat de lagere inkomens niet onder het bestaansminimum mogen zakken maar zij letten er ook goed op dat dit niet ten koste gaat van de toename van welvaart aan de top. Het is echter wel degelijk noodzakelijk om van de hoogste inkomens een grotere belastingbijdrage te vragen. Dat versterkt de onderlinge solidariteit en het maakt investeringen in de publieke sector mogelijk na jaren van 'kaasschaaf-bezuinigingen'. Bovendien helpt een evenwichtiger inkomensontwikkeling de onderlinge competitie in consumptie te verminderen.

Baas over het eigen bestaan

Mensen zijn zelf verantwoordelijk voor hun geluk. Zij beslissen ook zelf over de inrichting van hun bestaan: over de keuze om 20, 40 of 60 uur te werken, thuis te blijven om voor de kinderen te zorgen, samen te leven, alleen of bijvoorbeeld in co-ouderschap. De taak van overheid en politiek is vooral om ervoor te zorgen dat de keuzevrijheid van mensen zo groot mogelijk is en niet oneigenlijk wordt belemmerd door gedwongen werkloosheid, een tekort aan opleidingsmogelijkheden of slechte gezondheidszorg waardoor mensen onvoldoende hulp krijgen als zij ziek zijn. De keuzevrijheid zou ook groter moeten zijn bij de verdeling van werk, zorg en vrije tijd, gedurende de loop van het leven en gedurende de dag.

'Tijd' is, zoals ik eerder schreef, een consumptieartikel geworden waarop dezelfde wetten van schaarste en overvloed van toepassing zijn. De tijd van hardwerkende, hoogopgeleide tweeverdieners met kinderen is schaars en gewild, terwijl veel gepensioneerden of jonge arbeidsgehandicapten ermee kampen dat zij tijd in overvloed hebben maar dat deze naar economische maatstaven niet veel waard is. Daarbij raakt tijdsbesteding die niet in geld kan worden uitgedrukt maar wel maatschappelijke betekenis heeft – zoals vrijwilligerswerk – in de verdrukking.

Gedwongen nietsdoen, tijdnood en tijdstress worden mede veroorzaakt door onze economische ordening en regels en wetten. Arbeidsproductiviteit is nu een belangrijke maatstaf voor economische groei: als de productiviteit stijgt, neemt de groei toe en als deze daalt dan vermindert de groei. Mensen met een lage arbeidsproductiviteit (dikwijls on- en laaggeschoold werk) drukken de economische groeicijfers. Zij zijn dan ook het meest kwetsbaar voor ontslag en werkloosheid. Voor duurzame economische welvaart is arbeidsparticipatie echter veel belangrijker. Als grote groepen mensen langdurig buiten het arbeidsbestel blijven heeft dat negatieve, maatschappelijke gevolgen. De mensen die wel werken moeten telkens harder aanpoten, de overheidsfinanciën worden kwetsbaar door het veelvuldige gebruik van sociale zekerheid en publieke sectoren, zoals de gezondheidszorg, komen onder druk te staan door een tekort aan arbeid. Bovendien vreet het aan de betrokkenen zelf. Zij kampen met armoede en dikwijls met frustratie en een gevoel van overbodigheid omdat zij gedwongen aan de zijlijn staan. Het is met andere woorden van groot belang dat meer mensen gaan werken, in plaats van minder mensen die harder gaan werken. Dat is, al lijkt dat in tegenspraak, ook noodzakelijk om de hyperconsumptie en haast te verminderen. Als meer mensen werken en economisch zelfstandig zijn, dan kunnen de verhoudingen op de arbeidsmarkt ontspannen. Het vermindert de last van de werkenden, die nu het gevoel kunnen hebben dit voor de thuisblijvers te doen, en de bijdragen aan de gezamenlijke en toekomstige welvaart worden evenwichtiger verdeeld.

Dan is het wel noodzakelijk dat de waardering voor werk verandert. Deeltijdarbeid dient financieel aantrekkelijker te worden, evenals laag- en ongeschoold werk. Dit kan door een belastingverlaging voor werkgevers en werknemers. Daarbij ontvangt veel vrijwilligerswerk ten onrechte niet de waardering van 'gewoon' werk, in vergoedingen en de bijbehorende status. Het effect daarvan is dat veel mensen die al volop werken en redelijke of goede inkomens hebben, bijvoorbeeld mantelzorg verlenen. Een betere vergoeding van vrijwilligerswerk betekent dat het aanbod van werk en van het aantal beschikbare mensen ervoor toeneemt. Voor veel mantelzorg geldt dat het eigenlijk gewoon werk is dat vergoed zou moeten worden. Maar dat geldt niet voor de man die op zaterdag de 'f-jes' fluit of de vrouw die in haar vrije tijd helpt bij rouwverwerking. Deze en andere onbetaalde vrijwilligersactiviteiten zijn belangrijk voor onze samenleving en ons besef van onderlinge verbondenheid. In de toekomst, naarmate onze samenleving meer vergrijst, zal het beroep op vrijwilligers toenemen. Drukke werknemers zouden af en toe vrijgesteld moeten worden voor vrijwilligerswerk. Maatschappelijk betrokken werkgevers zouden hun werknemers daarvoor de ruimte moeten geven, door bijvoorbeeld mensen die voltijds werken een uur per week betaald vrij te geven voor het doen van vrijwilligerswerk.

Voor meer ontspannen arbeidsverhoudingen is het van minstens even groot belang dat mensen in de loop van hun leven arbeid, zorg en vrije tijd beter kunnen afwisselen. Veel mannen en vrouwen worstelen ermee dat de opbouw van hun carrière, de jaren waarin zij het hardste werken, samenvalt met het opvoeden en verzorgen van hun kinderen. Daar staat tegenover dat veel ouderen gedwongen zijn te stoppen met werken op hun 65ste, terwijl zij zich vitaal, vrij en gezond voelen en ertegenop zien om twintig of dertig jaar 'achter de geraniums' te gaan zitten. De automatische koppeling van het recht op AOW aan het 65ste levensjaar, houdt geen gelijke tred met de gestegen levensverwachting en het vermogen en de wens van ouderen om langer te werken. De plicht om te moeten stoppen dient dan ook te verdwijnen voor de mensen die zelf willen doorwerken.

Daarnaast zou het goed zijn als iedereen op termijn wat langer doorwerkt. Een algehele verhoging van de AOW-gerechtigde leeftijd naar 67 of zelfs naar 70 jaar, doet echter geen recht aan de grote verschillen in arbeidsduur. Het is niet rechtvaardig dat bijvoorbeeld laagopgeleide mensen met zware lichamelijke beroepen die vaak al op hun zeventiende of achttiende beginnen met werken, pas na 50 jaar zouden mogen stoppen, terwijl hoogopgeleiden bijvoorbeeld al na 35 jaar van een riant pensioen kunnen gaan genieten. Veel beter zou het dan ook zijn om het recht op AOW te verbinden aan een arbeidsduur van bijvoorbeeld 40 jaar. Dat betekent dat mensen die vroeg beginnen, vroeger kunnen stoppen, terwijl degenen die lang studeren en bijvoorbeeld nog een jaar op wereldreis gaan ook langer doorwerken. Ook mensen die er tussentijds eens een jaar uit willen om weer te gaan studeren of om thuis te zijn bij de kinderen, krijgen daartoe de vrijheid en dragen zelf de verantwoordelijkheid daarvoor. Als mensen tegen hun wil voor langere tijd werkloos zijn geweest en wel hun best hebben gedaan om werk te vinden, dan geldt dit als gewerkte tijd.

In een samenleving waarin iedere burger, man en

vrouw, idealiter economisch zelfstandig is en participeert, dient de tijd voor de zorg voor elkaar en voor ontspanning ruim bemeten en beschermd te zijn. Tijdnood is het grootst bij werkende partners met kleine kinderen. De traditionele, en nog altijd populaire oplossing, waarbij de man meer gaat werken en de vrouw geheel stopt, doet geen recht aan de behoefte van, en de noodzaak voor vrouwen om zich te ontwikkelen en een zelfstandig toekomstperspectief te hebben. Bovendien besteden te veel mannen – soms tegen hun zin – te weinig tijd aan hun kinderen in de vormende jaren. Pas een paar jaar wordt er in Nederland een voorzichtig begin gemaakt met verlof- en levensloopregelingen. Niet alleen zijn deze in tijd beperkt; omdat je voor de meeste verloven moet sparen worden deze in de praktijk voornamelijk gebruikt door hoogopgeleide mannen om eerder met pensioen te kunnen gaan.

Zwangerschaps-, vader-, ouderschaps-, zorg- en studieverlof, dienen ruimer te worden dan nu het geval is en vaker te worden betaald. In Scandinavische landen is een betaald zwangerschapsverlof van minimaal een halfjaar heel gebruikelijk. In Nederland stuit dit altijd op het verweer dat dit te kostbaar is. Als in rekening zou worden gebracht wat de maatschappelijke kosten zijn van alle vrouwen die stoppen met werken, zou de balans echter anders uitslaan. Tegelijkertijd zouden mensen renteloos geld moeten kunnen lenen om een tijd onbetaald verlof op te nemen, in plaats van daarvoor jaren lang te moeten sparen. Met werkgevers en met de overheid moeten afspraken te maken zijn voor terugbetaling nadien (van een deel ervan), als het werk wordt hervat.

Grotere variatie kunnen aanbrengen in je levensloop is één, maar veel mensen hebben ook de behoefte meester te kunnen zijn van de eigen dagindeling. Onze arbeidstijdenwet stamt nog uit de tijd dat de kostwinner 's ochtends vroeg met zijn broodtrommel het huis verliet om zich 's avonds om klokslag zes uur aan de warme maaltijd te zetten. Voor veel moderne huishoudens is dit door de overheid en werkgevers afgedwongen dagritme beperkend en beklemmend. In een modern en meer ontspannen arbeidsbestel dienen mensen meer zeggenschap te hebben over hun werktijden. De overheid heeft er vooral voor te zorgen dat de wet de vrijheid van werknemers tegen onredelijke werkgeverseisen beschermt en redelijk overleg tussen beide partijen garandeert.

Waarom zouden werknemers bijvoorbeeld niet de mogelijkheid mogen hebben om in een week drie keer tien uur te werken, of vijf keer zes uur op de schooltijden van de kinderen? Waarom zou de staat het ook willen verbieden als mensen behoefte hebben om vijf nachtdiensten per week te draaien in ruil voor langere vrije tijd? Of bijvoorbeeld acht maanden aaneengesloten te werken en dan vier maanden vrij te zijn. Veel werknemers hebben er behoefte aan om vaker thuis te kunnen werken en uit onderzoek weten we dat mensen dan ook productiever zijn. In een moderne arbeidstijdenwet zou de overheid het recht op thuiswerken kunnen vastleggen. Op dit moment zijn alle vrije feestdagen van werknemers wettelijk bepaald. Veel mensen willen hun eigen feesten kunnen vieren en hun eigen dagen daarvoor kunnen kiezen. Met respect voor de gegroeide traditie van christelijke feestdagen, en zonder nieuwe religieuze feestdagen te introduceren, zou het redelijk zijn om tweede kerstdag, tweede paasdag en tweede pinksterdag af te schaffen en deze door werknemers zelf vrij te laten besteden.

Mensen die werken, zorgen en zich ook regelmatig willen kunnen ontspannen, hebben voorzieningen in hun directe omgeving nodig die toegankelijk zijn. Dat betekent in de eerste plaats goedkope en goede kinderopvang die flexibele en ruime openingstijden kent. De 'brede school' waarmee in Nederland een schoorvoetend begin wordt gemaakt, zou de norm moeten zijn. Kinderen kunnen op school tussen de middag goed eten, en krijgen er na schooltijd bijvoorbeeld muziek- en sportles. Tot slot zouden de openingstijden van openbare instellingen aanzienlijk moeten worden verruimd. Gemeentehuizen, banken, bibliotheken en vooral medische instellingen zouden soelaas moeten bieden aan verzoeken op maandagavond of zondagmiddag, en niet enkel op de traditionele kostwinnerstijden.

Talent is onze grootste rijkdom

Na mijn middelbareschooltijd vatte ik het plan op om leraar Nederlands en geschiedenis te worden. Die ambitie was een kort leven beschoren en knakte in mijn tweede studiejaar aan de lerarenopleiding bij het vak Jeugd- en Ontspanningslectuur (JOL). Tot mijn verbijstering moest ik me als aankomend leraar Nederlands verdiepen in Bouquetreeksromannetjes en stripboeken. De argumentatie van de verantwoordelijke docent was dat wij ons dienden te verplaatsen in de belevingswereld van kinderen op de mavo en de havo, aan wie wij later les zouden geven. Toen ik me verzette, sprak de docent de (voor mij) historische woorden: 'als jij denkt dat je deze jongeren van Vestdijk kan leren houden, dan zit je hier verkeerd.' Nu was dat inderdaad precies wat ik dacht, dus heb ik aan de lerarenopleiding de brui gegeven.

Dit voorbeeld haal ik aan omdat het exemplarisch is

voor de dominante denktrant in de onderwijspolitiek en in het onderwijs in de afgelopen decennia. De gerechtigde wens om alle onderwijsniveaus toegankelijk te maken voor kinderen uit alle sociale klassen, heeft het ongewenste neveneffect gehad van gelijkschakeling van kinderen met verschillende talenten. Terwijl de doorstroming van kinderen uit lagere sociale klassen in Nederland in vergelijking met andere Europese landen is achtergebleven, kent het onderwijs weinig variatie. Kinderen en jongeren worden weinig kansen geboden om uit te blinken, noch worden ze daarin sterk gestimuleerd. Jongeren zitten al vroeg vast aan een onderwijsniveau en vakkenpakket. De doorstroming van lagere onderwijsniveaus naar hogere (bijvoorbeeld van het vmbo naar de havo) vindt te weinig plaats en meestal alleen als de jongeren zelf over sterke wilskracht beschikken. De grote (en mislukte) onderwijsvernieuwingen van de afgelopen jaren, samen met bezuinigingen en schaalvergrotingen, zijn ten koste gegaan van de aandacht voor individuele leerlingen en de beroepstrots van leerkrachten. Leraren staan vaak voor overvolle klassen met als ondankbare taak om jongeren een minimum aan kennis en vaardigheden bij te brengen. Zeker op het vmbo, waar de meerderheid van de jongeren naartoe gaat, kan er maar weinig persoonlijke aandacht worden gegeven of extra kennis worden aangereikt.

De kaalslag beperkt zich niet tot het middelbaar onderwijs. Ook in het hoger en wetenschappelijk onderwijs ligt al jaren de nadruk op korter en goedkoper studeren, wordt het overstappen tussen, en stapelen van studies ontmoedigd, worden de financiële obstakels voor promotie vergroot en wordt er op (fundamenteel) wetenschappelijk onderzoek bezuinigd.

Eerder haalde ik SER-voorzitter Rinnooy Kan aan die

beklemtoonde dat het slechte niveau van, en de grote tekorten in het Nederlandse onderwijs op termijn grote economische problemen veroorzaken. De gebrekkige kans van veel jongeren om hun talenten te ontwikkelen is onrechtvaardig jegens hen maar ook een kostbare, economische verspilling. In een samenleving waarin onmiskenbaar een grotere nadruk komt te liggen op kennis en het bezit van diploma's, kunnen wij ons schooluitval, slechte opleidingen en gebrekkige kansen helemaal niet permitteren. In een geglobaliseerde wereld hebben we bovendien ieder talent hard nodig om onze welvaart op peil te houden naast opkomende economieën zoals China en India. Ons jonge talent moet de slag aandurven en -kunnen op een wereldwijde, flexibele arbeidsmarkt. Een vloeiende beschikking over de Engelse taal, maar ook kennis van verschillende culturele omgangsvormen en bijvoorbeeld enig begrip van de Chinese taal zijn dan wezenlijk. Internationaal toponderwijs zou op termijn een economische doelstelling moeten worden waardoor begaafde jongeren uit het buitenland zich ook in Nederland willen vestigen.

Dit vereist de komende jaren grote investeringen: in de lerarensalarissen, de klassengrootte, de individuele begeleiding van leerlingen, in het tegengaan van schooluitval enzovoort. Strenger en consequenter dan in het verleden, moet er aandacht zijn voor elementaire vaardigheden zoals rekenen en taal. De vereisten voor diploma's en voor het overgaan naar de volgende klas moeten worden aangescherpt. Tegenover een grondiger beoordeling van de voortgang van leerlingen moet echter ook staan dat doorstroming naar andere opleidingen en stijging naar hogere onderwijstypen eenvoudiger wordt, en actief wordt aangemoedigd. Het uitgangspunt moet niet meer zijn dat een leerling enkel doorstroomt als deze zelf aandringt, maar dat iedereen doorstroomt behalve als er heel goede redenen zijn om dit niet te doen. Dit geldt in de eerste plaats voor jongeren, maar ook voor studenten en werknemers. Bestaande leeftijdsgrenzen voor het beginnen en beëindigen van een studie moeten worden versoepeld, evenals die voor het ontvangen van studiefinanciering. Vaste en tijdelijke werknemers dienen individuele scholingsrechten te krijgen voor het volgen van opleidingen waaraan werkgevers meebetalen.

In de Nederlandse politiek bestaat in het algemeen overeenstemming over de noodzaak om langer en meer te kunnen leren. De bereidheid om geld beschikbaar te stellen en om bureaucratische belemmeringen op te ruimen, varieert echter nogal. Veel minder consensus is er over de Nederlandse gewoonte om jongeren heel vroeg, vlak na het verlaten van de lagere school, al (blijvend) te selecteren op hun talenten, intelligentie en interesses. Vroege selectie staat nu en dan ter discussie maar na het grote fiasco van de basisvorming durft geen politicus zich er meer aan te branden. Dat is onterecht. Vroege selectie is namelijk de belangrijkste oorzaak van de gebrekkige doorstroming van jongeren uit de lagere sociale klassen naar de hogere onderwijsniveaus. Aan het begin van de puberteit worden hun talenten geijkt en de latere omgang van docenten met hen wordt bepaald door dat eerste moment. Vroege selectie staat haaks op de gedachte dat onderwijs je juist helpt om je talenten en je intelligentie te ontwikkelen. Onmiskenbaar zijn er jongeren van wie al op jonge leeftijd duidelijk is dat zij het beste tot hun recht komen in praktijk- of ambachtelijk onderwijs. Als jongeren ongelukkig worden van theoretische vakken dan moeten zij daarvan vroeg vrijgesteld kunnen worden, maar het is goed om te blijven bedenken dat het om een minderheid gaat en dat de emancipatie en ontplooiing van de meerderheid van de jongeren wel degelijk algemene, intellectuele en culturele vorming vereist.

Er is een tweede reden, naast emancipatie, om de vroege selectie van jongeren ter discussie te stellen. Zowel de vroege vaststelling van het onderwijsniveau als de snelle keuze voor een vakkenpakket of 'profiel' dient de gemakkelijke intrede op de arbeidsmarkt op latere leeftijd. Jongeren worden als het ware in een mal gezet, om daar na een aantal jaren als een goed geboetseerde werknemer (en consument) uit te komen. Hoe belangrijk het ook is om kinderen te ondersteunen in hun arbeidsvaardigheden, onderwijs zou vooral tot werkelijke 'bildung' moeten leiden: de gelijktijdige ontwikkeling van kennis, moreel oordeelsvermogen én kritisch besef. Juist in een tijd waarin de alomtegenwoordige commercie de individualiteit van mensen vermindert, kan onderwijs daaraan het noodzakelijke tegenwicht bieden. Door in aanraking te komen met filosofie, geschiedenis, biologie en kunst kunnen jongeren hun smaak en oordeelsvermogen beter ontwikkelen. Simpel gezegd, elk mens is vanzelfsprekend vrij om het de rest van zijn leven terzijde te schuiven, maar hij zou op enig moment Darwin, Mozart of Vestdijk aangereikt moeten krijgen. Levensstijlen of hobby's zouden moeten voortkomen uit een vrije keuze en niet uit onwetendheid. Werkelijke vrijheid om je leven naar eigen smaak in te richten mag ook niet zijn voorbehouden aan de elitaire gymnasiast maar behoort evenzeer toe aan de vmbo'er.

Dit betekent dat het taboe van de middenschool moet worden gelicht en er de komende jaren voorbereidingen moeten worden getroffen voor de verstandige, geleidelijke invoering van algemeen vormend onderwijs voor alle jongeren tot 16 jaar. Het betekent ook dat, veel meer dan nu het geval is, in het basis- en voortgezet onderwijs, cultuur- en media-educatie een plaats krijgen. Kennis van de rijkdom en historie van onze cultuur en begrip van de moderne uitingsvormen van kunst en media maken de weerbaar heid van toekomstige, volwassen burgers vele malen groter.

De herovering van het publieke domein

Voor een grotestadsbewoner in de Randstad, zoals ik, is het vrijwel onmogelijk om op een vrije zaterdag de kinderen achterop te zetten, de stad uit te fietsen en de weilanden te zien. Je passeert een eindeloze hoeveelheid bedrijventerreinen en steekt snelwegen over, en veilige, prettige fietspaden zijn er haast niet. Het openbaar vervoer biedt nauwelijks een alternatief want er is wel een halte 'koopgoot' maar geen halte 'weiland'. Wat overblijft is de auto te pakken en aan te sluiten in de rij bij de 'rode paaltjeswandeling' op de Veluwe.

Ons publieke domein bestaat in de eerste plaats uit onze straten en wegen, speeltuinen, sportvelden, pleinen, plantsoenen, parken en natuurgebieden. Hoewel gemeentebesturen overal kleine en grote initiatieven nemen om de openbare ruimte te 'verfraaien', is de staat ervan over het algemeen armoedig. Stadscentra worden gedomineerd door franchisebedrijven die overal identieke winkels openen, waardoor Emmen, Venlo, Delden of Utrecht dezelfde aanblik geven. Reclame domineert stads- en dorpsgezichten. Plantsoenen bestaan uit onderhoudsvrije doornenstruiken waar je met een boog omheen loopt. Veel (kleine) stations zijn onveilige tochtgaten waar een Pizzahut eenzaam standhoudt, als er al iets open is. Speelplaatsen zijn te vaak slecht onderhouden, niet beheerd en saai door de paar risicoloze speeltoestellen die er zijn geplaatst. Sportvelden in gemeenten maken plaats voor woning- of bedrijvenbouw en verhuizen naar de uiterste randen. Natuur is op de gemeentelijke en landelijke begrotingen meestal een restpost, waardoor ons landschap van mindere kwaliteit wordt.

De oorzaken voor de armoedige staat van ons publieke domein zijn talrijk. Veel openbare ruimten zijn anoniem, vies en onveilig, bij het ontbreken van mensen die er werken en toezicht houden. Een speeltuin zonder beheerder wordt al snel een hangplek voor junkies die er hun rotzooi laten slingeren. Met de invoering van de chipkaart kunnen de laatste toezichthouders van stations vertrekken. Beambten van plantsoenendiensten hebben weinig onderhoud te verrichten, net zoals buurthuisbeheerders het nakijken hebben sinds 'hangplekken' goedkoper bleken. Voor al deze geleidelijke bezuinigingen geldt dat het 'duurkoop' is als de maatschappelijke prijs van het verdwijnen ervan wordt verrekend. Bovendien is het informele toezicht dat door al deze functionarissen werd verricht in de loop van de jaren deels vervangen door de formele controle door politie. De repressieve aanwezigheid van politie is kostbaarder dan bijvoorbeeld het toezicht dat een speeltuinbeheerder uitoefent. Hoe noodzakelijk politiecontrole op veel plekken ook is, het maakt de toegankelijkheid en vriendelijkheid van de openbare ruimte er ook niet groter op. Een eerste stap is dan ook om het informele toezicht te herwaarderen, onverlet de publieke investeringen die dit op een korte termijn vereist.

Overheden bezitten een aantal machtige beleidsinstrumenten om ervoor te zorgen dat de openbare ruimte ook een prettig publiek bezit is, waarvan mensen actief gebruikmaken. Een voorwaarde is evenwel dat zij die instrumenten gebruiken. In de stadscentra is de afgelopen jaren veel macht uit handen gegeven aan commerciële detailhandelaren en projectontwikkelaars. Gemeenten verkeren vaak in de nadelige onderhandelingspositie dat zij bijvoorbeeld het geld voor de bouw van een nieuwe bibliotheek alleen kunnen vergaren door er een lucratieve, commercieel aantrekkelijke *shopping mall* aan vast te plakken. Gemeentelijke financiën zijn soms krap en afwegingen van besparing en risicomijding leiden ertoe dat men de voorkeur geeft aan de ontwikkeling van een nieuw bedrijventerrein boven de aanleg van pleinen of het onderhoud van speeltuinen. Een grote rol speelt daarbij dat de grondprijzen door speculatie sterk zijn gestegen. Gemeenten hebben hieraan bijgedragen door gemeentegrond tegen marktprijzen aan private ontwikkelaars te verkopen. Van de opbrengsten zijn soms nieuwe openbare voorzieningen betaald. Het nadeel ervan is dat de prijs van een perceel binnen gemeentegrenzen inmiddels zo hoog is, dat een gemeentebestuur niet snel zal besluiten daarop nieuwe sportvelden aan te leggen omdat de opbrengst in exploitatie laag is. Daarnaast heeft de landelijke overheid de afgelopen jaren een deel van de openbare ruimte afgestoten: de exploitatie van stations is bijvoorbeeld in private handen.

Een plantsoen en een mooie speeltuin mogen dan minder rendabel lijken, de maatschappelijke opbrengst ervan in verhoging van het welzijn van wijkbewoners en versterking van de onderlinge betrokkenheid is vele malen groter dan bij de zoveelste – en vaak leegstaande – kantoorkolos. Dit veronderstelt wel dat eerdere politieke beslissingen hernomen worden. Dat overheden geen (mede)zeggenschap hebben over de inrichting van stations heeft geen ratio, zeker als in aanmerking wordt genomen dat het een belangrijke doelstelling is om de aantallen reizigers van het openbare vervoer sterk te laten toenemen. Dan moeten stations ook ontworpen worden als prettige publieke ruimten waar je niet alleen snel de roddelbladen en een pizzaslice koopt maar ook een biebboek kunt lenen, aansluitend op je reis het theater of de bioscoop kan bezoeken en eventueel zelfs je kinderen naar de crèche brengt.

De landelijke en lokale overheden moeten weer grondpolitiek durven bedrijven. Sinds het eerste kabinet-Den Uyl hierover viel, wordt er liever over gezwegen. Gemeenten, provincies en de landelijke overheid zijn voor de inrichting van onze openbare ruimte (en onze woningbouw) echter volledig afhankelijk van de toegang tot betaalbare grond. Dat betekent dat grondpolitiek, inclusief het gebruik van voorkeursrecht en onteigening, een centrale plaats verdient op de politieke agenda.

Een even machtig instrument is de ruimtelijke politiek. De afgelopen decennia heeft de landelijke politiek geleidelijk haar handen af getrokken van de ruimtelijke inrichting ten gunste van provincies, gemeenten en private partijen. In de praktijk leidt dit ertoe dat gemeenten, in onderlinge economische competitie de laatste vrije grond gebruiken voor identieke bedrijventerreinen, of dat in de 'publiek-private samenwerking' met marktpartijen de geplande openbaarvervoersverbinding naar een nieuwe 'Vinex-locatie' het loodje legt.

Ruimte is schaars in ons land en de inrichting ervan is van groot belang voor onze leefbaarheid. Onze ruimtelijke omgeving beïnvloedt ons gedrag, onze mobiliteit en onze sociale en culturele verhoudingen. Bij de verhuizing naar een nieuwe Vinex-locatie willen veel mensen hun wijze van reizen heroverwegen; als openbaar vervoer ontbreekt dan is een (tweede) auto snel gekocht. Het verplaatsen van bedrijventerreinen naar uitvalswegen dwingt ons om onze auto vaker te gebruiken of te verhuizen naar nieuwe woninglocaties in de buurt ervan. De beslissing om op die locaties bijna uitsluitend vrije sector- en eengezinswoningen te bouwen, maken deze ook tot geliefde toevluchtsoorden voor autochtone gezinnen die de spanningen van de multiculturele binnensteden ontvluchten. De bouw van grote winkelcentra langs de snelwegen doet de laatste middenstand in dorpen de das om en leidt tot verpaupering van binnensteden. Daar staat tegenover dat de aanwezigheid van theaters of muziekzalen mensen kan verleiden tot uitjes die normaliter buiten hun horizon liggen. De afwezigheid van natuur in de omgeving van de stad, maakt de vanzelfsprekendheid van een boswandeling kleiner en van winkelen groter.

Ruimtelijke ordening is in essentie het vormgeven van de samenleving. Ook als het overgelaten wordt aan de markt van commerciële projectontwikkelaars en grote bouwers is dat het geval. Met de keuze voor bijvoorbeeld gestandaardiseerde nieuwe woonwijken en automobiliteit in plaats van nieuw en geavanceerd openbaar vervoer, worden de keuzevrijheid en leefstijlen van burgers evenzeer bepaald en beperkt. Laisser faire is ook een politieke beslissing en deze schiet tekort. De landelijke politiek moet een antwoord formuleren op de vraag hoe de gewenste, toekomstige samenleving eruitziet en welke ingrepen dit nu vereist. Op basis hiervan moet de uitbreiding van steden, infrastructurele projecten, de bescherming van landelijk gebied en de expansie van natuur opnieuw en in onderlinge samenhang worden beoordeeld.

Wat mij betreft is de belangrijkste ruimtelijke opgave

om burgers in hun dagelijkse leven alternatieven te bieden voor hyperconsumptie, haast en hufterigheid. Dit betekent bewegingsvrijheid die meer omspant dan de dagelijkse file van huis naar werk, maar ook de toegang tot veilige en schone openbare ruimten, tot cultuur en natuur veronderstelt. Daarvoor zou bijvoorbeeld een groot park in het Groene Hart kunnen worden aangelegd, dat bereikbaar is met het openbaar vervoer. Het betekent de ontwikkeling van een stedelijke metropool in de Randstad waar werken en wonen is geconcentreerd en alle stedelijke faciliteiten nabij, en met het openbaar vervoer bereikbaar zijn. Bij infrastructuur moet de nadruk komen te liggen op filebestrijding, door de introductie van rekeningrijden en grote investeringen in modern openbaar vervoer, waarbij de toegankelijkheid van het platteland wordt gewaarborgd. In steden wordt de (her)introductie van de tram bevorderd en landelijk wordt verplicht gesteld dat nieuwe locaties pas bewoonbaar worden verklaard als er bussen, trams of treinen rijden. Voor grote, arbeidsintensieve bedrijven worden locaties gereserveerd op de knooppunten van het openbaar vervoer, waarbij tegelijkertijd het aantal parkeerplaatsen wordt gemaximeerd. Er komt een landelijk net van fiets- en wandelpaden, evenals een nationaal fonds ter versterking van de cultuurhistorische waarde van ons landschap.

Liefde voor onze culturele historie betekent bepaald niet dat je Nederland bevriest in het beeld van negentiende-eeuwse heggen en koeien in de wei. Landschap verandert door menselijk ingrijpen – sommige gebieden verdwijnen terwijl andere ontstaan of welbewust worden ontworpen – en daar is niets mis mee. Het wordt echter problematisch als een publieke doelstelling als het behoud van biodiversiteit, of een kwetsbare waarde als schoonheid het consequent aflegt tegen harde commerciële belangen en politieke onverschilligheid. Zorgvuldige planologie en (landschaps)architectuur zijn niet de kers op de pudding – als er geld overschiet – maar een zelfstandige en belangrijke factor in het creëren van publiek welzijn.

Vrije, kritische burgers

Ons publieke domein beperkt zich uiteraard niet tot de openbare ruimte, maar strekt zich uit tot onze publieke instellingen, zoals verpleeghuizen, arbeidsbureaus en scholen, de politieke instituties zoals het parlement en de oude en nieuwe media. In de voorgaande hoofdstukken heb ik uitgebreid betoogd dat, als wij de kwaliteit van de publieke instellingen willen vergroten, er moet worden geïnvesteerd en er grote veranderingen nodig zijn in de politieke aansturing. Oneigenlijke prestatiemetingen en vereisten van efficiency en marktwerking moeten plaatsmaken voor grotere vrijheid en erkenning van professionaliteit van medewerkers. Hun lonen zullen moeten stijgen terwijl hun werkdruk afneemt, (bij)scholing moet vanzelfsprekend zijn en verantwoording moet vooral onderling en tussen instellingen worden afgelegd. Het is de taak van politici om het algemene belang in de publieke sector opnieuw te definiëren in termen van gewenste kwaliteit, toegankelijkheid en rechtvaardigheid.

Het welslagen van elke verandering in de publieke sector valt of staat uiteindelijk bij het vertrouwen dat burgers stellen in het werk van jeugdcoaches, agenten en verplegers. Al te vaak hebben irritaties de overhand in de dagelijkse omgang tussen medewerkers van publieke instellingen en burgers die hun hulp inroepen. Variërend van klachten over papieren invuloefeningen, van het kastje naar de muur gestuurd worden, of gewoon nergens gehoor vinden, lopen de irritaties soms op tot hufterig of ronduit agressief gedrag jegens medewerkers. Op burgers mag een zwaar appèl worden gedaan om zich te beheersen en goede omgangsvormen in acht te nemen. In geval van agressie of gewelddadigheid, bijvoorbeeld tegen de medewerkers van ambulances, moet met stevige sancties – vanzelfsprekend – een heldere grens worden getrokken in betamelijkheid.

Veel wrijving en irritatie jegens professionals is echter een effect van de onverschillige, gestandaardiseerde en bureaucratische behandeling van 'cliënten'. Vermindering van de werkdruk en verruiming van de handelingsvrijheid van professionals is dan ook een noodzakelijke voorwaarde, maar het is niet afdoende. Professionals en instellingen zullen ook bij zichzelf te rade moeten gaan. In veel publieke organisaties is een 'nee-cultuur' ontstaan: persoonlijke initiatieven van patiënten en cliënten, verzoeken om grotere autonomie en medezeggenschap worden bijna standaard afgewezen. Berucht is bijvoorbeeld de wens van veel ouderen om in een verzorgingstehuis hun huisdier bij zich te mogen houden, die zelden wordt gehonoreerd. Even schrijnend is bijvoorbeeld de afwijzing van een gezonde negentigjarige mevrouw die in een verpleegtehuis gewoon 'lekker' wil eten maar dat niet mag omdat zij op een 'gezondheidsdieet' staat. Opname in een verpleegtehuis of andere publieke instelling betekent voor mensen ook het gedwongen afleggen van (onschuldige) gewoonten en leefstijlen en het verlies van alle autonomie. Of, van een andere orde, wat te denken van de belemmeringen die mensen ondervinden bij de aanleg van een geveltuintje of een dakterras die zichtbaar bijdragen aan de leefbaarheid van hun buurt. Alle formele regels en voorschriften zijn dan een bron van ergernis, maar de afwerende houding en het wantrouwen van dienstdoende ambtenaren zijn dat nog meer.

Ergens in de afgelopen decennia, toen bedrijfsmatig management en 'calculerende consumenten' de inrichting van de publieke sfeer gingen bepalen, is de ambitie van democratische medezeggenschap en zelfredzaamheid teloorgegaan. In de ingewikkelde mechaniek van een moderne, bureaucratische publieke instelling, is de mondige burger een hindernis geworden die genomen moet worden om efficiënt te kunnen werken. En de tragiek is dat de 'grotemondigheid' die dikwijls het gevolg is van miscommunicatie, wederzijds onbegrip en oplopende ergernissen, het idee bevestigt dat burgers vooral 'lastig' zijn.

De kwintessens van al het werk dat wordt verricht in de publieke sector is echter dat het dienend is aan zelfstandig en verantwoordelijk burgerschap. Of het nou leraren zijn of artsen, uiteindelijk dient hun dagelijks werk de zelfredzaamheid – het vermogen om voor jezelf te kunnen zorgen – van leerlingen en patiënten. Kritisch besef en weerbaarheid zouden juist gestimuleerd, en niet afgeremd moeten worden. Dat verlangt samenwerking en de bereidheid om, met respect voor de verschillende posities, de macht zoveel mogelijk te delen. Het betekent ook dat publieke instellingen hun prestaties in alle openheid moeten willen bediscussiëren met hun cliënten, onderlinge vergelijking door belangenorganisaties moeten toejuichen en ruimte moeten scheppen voor eigen initiatief van burgers. Vrijwilligers moeten worden gestimuleerd om zich te bemoeien met de koers van de organisatie en gezins- en familieleden van mensen die in instellingen verblijven moeten worden aangemoedigd om zelf actief te zijn.

Er rust verantwoordelijkheid op publieke instellingen, maar het is vooral aan politici om de medezeggenschap en zelfredzaamheid van burgers te vergroten in de publieke sfeer en daarbuiten. Voor publieke instellingen dienen zij de rechten van inspraak en zeggenschap beter en ruimer te definiëren. Dat geldt ook – en vooral – voor de omgang van burgers met politieke en bestuurlijke instanties. Veel ergernis en juridische procedures zijn een gevolg van onduidelijke, te late en bureaucratische inspraakmogelijkheden. Zo moet het bijvoorbeeld vanzelfsprekend worden dat wijkbewoners medezeggenschap krijgen over een deel van het wijkbudget. Of het nou gaat om de aanleg van speeltuinen of plantsoenen, uiteindelijk weten wijkbewoners het beste waar behoefte aan bestaat. Door aan bewoners medeverantwoordelijkheid toe te kennen, zijn zij ook gedwongen daarover met elkaar compromissen te sluiten en zal hun betrokkenheid bij het onderhoud groter zijn.

Juist op de kleine schaal van buurten en wijken – onze dagelijkse leefomgeving – is het van groot belang dat burgers zelfredzaam en vrij kunnen zijn. In de achterstandswijken in steden ontglipt veel mensen de greep op hun omgeving, door de vuiligheid, de anonimiteit en overlast. Hangende jongeren op straat, scootertjes die je van je sokken rijden, schelden en intimideren, kunnen van je eigen straat een onherbergzaam oord maken dat je liever mijdt. Onvermijdelijk moet er bij ernstige criminaliteit en geweld snel worden ingegrepen door politie en justitie en moet er straf volgen. Maar veel dagelijkse ellende ligt in het grijze schemergebied tussen criminaliteit en hinderlijk puberaal gedrag. Of het gaat om kleine criminaliteit die, als deze al voor de rechter komt, niet tot veroordelingen of straf leidt. De afgelopen jaren breidt de sterke arm van politie en justitie zich geleidelijk uit tot dit grijze gebied, zonder dat het leidt tot snelle en bevredigende oplossingen voor de buurtbewoners die er slachtoffer van zijn. De meest populaire politieke bijdrage aan de vermindering van dagelijkse overlast – vooral als deze door Marokkaanse jongens wordt veroorzaakt – is het bepleiten van harde, symbolische en onwerkbare maatregelen, met als uiterste de inzet van het leger. Als de politieke karavaan doortrekt, resteert dikwijls bij de buurtbewoners een groter gevoel van vervreemding dan daarvoor, terwijl de problemen nauwelijks verminderen.

Vooral in kwetsbare wijken, zouden bewoners alternatieve vormen van conflictbeslechting aangereikt moeten krijgen. Als de slachtoffers dat wensen, zouden zij zelf moeten kunnen onderhandelen over passende sancties en daders moeten kunnen confronteren met hun leed, waarna vervolging achterwege blijft. Aan gemeenten en politie en justitie komt vooral de taak toe om burgers hierin te begeleiden en te bewaken dat zij onder druk worden gezet of onheus worden behandeld. Rechters zouden bij kleine delicten recht moeten kunnen spreken in de buurt, waarbij de slachtoffers een actieve bijdrage wordt gegund.

De afgelopen jaren zijn politici met graagte anekdotes gaan gebruiken van archetypische burgers zoals 'Jan de loodgieter'. Bestaande en niet-bestaande mensen worden opgevoerd als illustratie van een groot maatschappelijk onrecht, en hun ongeluk wordt gebruikt om medestanders te vinden voor de eigen politieke agenda. Deze solidariteitsbetuigingen met 'de gewone man' of 'de hardwerkende Nederlander' leiden er echter niet per se toe dat al deze gewone mensen ook meer invloed hebben gekregen op de politieke besluitvorming. Eerder is het omgekeerde het geval. Voorstellen voor referenda en burgerinitiatieven, zijn na een enkel, niet geheel geslaagd of niet goed uitgevoerd experiment afgevoerd van de politieke agenda. De landelijke verkiezingen bieden mensen ten onrechte niet de mogelijkheid om een stem uit te brengen op de coalitie van hun voorkeur, hoewel dit voor de richting van onze samenleving uiteindelijk belangrijker is dan welke partij de grootste wordt. Hierbij kun je nog eens optellen dat de interne democratie van politieke partijen soms hapert, terwijl er nieuwe 'partijen' actief zijn die geen enkele interne democratie meer kennen, simpelweg omdat zij geen leden hebben.

Het is zorgelijk dat de medezeggenschap van burgers aan de politieke besluitvorming is verengd tot eens per vier jaar mogen stemmen. Dit tast het al kwetsbare vertrouwen in het politieke bestel aan, zeker als verkiezingen meer de vorm aannemen van een populariteitspeiling van politieke leiders. Vertrouwen in de politieke besluitvorming vergt dagelijks onderhoud: door een heldere definitie van het publieke belang, politieke wellevendheid en door de bereidheid de politieke macht zoveel mogelijk te delen. Dat betekent dat 'oude' instrumenten zoals referenda opnieuw moeten worden geïntroduceerd en politici daarnaast individueel en gezamenlijk actief nieuwe methoden van politieke medezeggenschap moeten onderzoeken. Dat betekent bijvoorbeeld het organiseren van inspraak in het parlement maar ook het opzetten van politieke internetgemeenschappen, waarbij de leden gestimuleerd worden om bij te dragen aan het ontwikkelen van standpunten en aan het debat daarover.

De politieke verantwoordelijkheid voor invloed en medezeggenschap van burgers beperkt zich niet tot de publieke sfeer. De kredietcrisis laat zien dat er geen enkel machtsevenwicht meer is tussen burgers en marktpartijen. Onmiskenbaar heeft het marktkapitalisme ons vrijheid en rijkdom gebracht. Maar kapitalisme zonder sociale of morele begrenzingen brengt ook armoede en onvrijheid. Door het gewetenloze gedrag van sommige krediet- en hypotheekverstrekkers en van op bonussen jagende managers zijn duizenden Amerikanen van hun huis beroofd en zijn zij opgezadeld met nooit meer af te betalen schulden. In Nederland blijven de sociale en economische gevolgen van dit wangedrag – hopelijk – beperkt, en wij komen (slechts) met de schrik vrij.

Dat de markt restricties en regels behoeft staat buiten kijf maar minstens even belangrijk is dat de weerbaarheid van burgers tegen kopen op krediet en het kritisch besef over agressieve commercie en marketing wordt vergroot. Te vaak blijkt nu dat mensen slecht op de hoogte zijn van de grote risico's die zij lopen als zij een te dure hypotheek aanschaffen, een tweede lening nemen voor een nieuwe auto of hun creditcard trekken voor luxeartikelen. Onterecht worden ook de stress, emoties en onvrijheid die het gevolg zijn van hyperconsumptie beschouwd als uitsluitend een privéprobleem. Door de indringende aanwezigheid van reclame en de eindeloos herhaalde belofte dat kopen gelukkig maakt, verandert vrijheid echter dikwijls in de druk tot consumeren. De kredietcrisis demonstreert tot welke grote economische, maatschappelijke en politieke problemen de druk van hyperconsumptie uiteindelijk leidt.

De taak van politiek en overheid is tweeledig. Als eerste moeten burgers actiever worden beschermd tegen de druk van hyperconsumptie, juist om hun werkelijke keuzevrijheid te kunnen garanderen. Dat betekent dat hardere grenzen worden gesteld aan misleidende reclameboodschappen van bijvoorbeeld krediet- en hypotheekverstrekkers. Het betekent ook dat banken en andere financiële instellingen minder ruimte krijgen om hoge leningen te verstrekken als de inkomens niet in verhouding daartoe staan. Daarnaast kan de overheid de reclame in de publieke sfeer aan banden leggen. Hoewel bedrijven alle vrijheid moeten bezitten om hun producten te adverteren, mogen burgers daar ook soms van gevrijwaard blijven. De publieke omroep zou bijvoorbeeld een commercie- en reclamevrije, publieke ruimte moeten zijn. Temeer daar adverteerders inmiddels de uitzendtijdstippen van bijvoorbeeld televisieprogramma's beïnvloeden. Op internet moet een publiek domein actief worden vormgegeven, door een fonds te stichten waaruit providers en ontwerpers van sites kunnen putten als zij creatieve, niet-commerciële plannen hebben. Gemeentebesturen bezitten de mogelijkheid om reclame-uitingen aan bijvoorbeeld historische gevels in stadscentra te beperken. Hiervan kan veel vaker dan nu het geval is, gebruik worden gemaakt.

Als tweede kunnen politiek en overheid de weerbaarheid tegen commercie vergroten door burgers meer kennis aan te reiken over de producten die zij kopen en de wijze waarop deze zijn gemaakt. In Nederland wordt bijvoorbeeld al jaren gesteggeld over een verplicht keurmerk voor duurzaam hout. Politici zwichten telkenmale voor de effectieve lobby van het bedrijfsleven en maken het belang van burgers om kritisch te kunnen kiezen hieraan ondergeschikt. Diezelfde halfhartigheid is er bij het verplicht stellen van heldere en eenduidige informatie op voedingsmiddelen over de herkomst, de productiewijze en de bestanddelen. Duurzaam geproduceerde consumptieartikelen kunnen slecht onderscheiden worden van kleding waar kinderarbeid aan te pas is gekomen, chocolade waarvoor slaven zijn gebruikt of elektronica die door uitgebuite arbeiders is geproduceerd. Ten langen leste moeten politici, in Nederland en in samenwerking in Europa, ernaar streven dat burgers gemakkelijk inzicht kunnen verwerven in de gehele keten van productie tot aankoop.

Er is een gerede kans dat ik op een komende, willekeurige zaterdag weer eens word verleid tot het kopen van een dure leren tas. Het zou goed zijn als mij daarbij de wetenschap wordt geleverd dat deze voor een paar euro is geproduceerd in China, voor een paar euro is verscheept en verpakt, en de rest van mijn geld gaat naar het imago en de portemonnee van de fabrikant. Misschien koop ik 'm toch, maar een gewaarschuwd mens telt voor twee.

In een vrije samenleving is elke aankoop uiteindelijk een vrije beslissing, waarmee niemand zich heeft te bemoeien. Dat betekent wel dat we dan ook werkelijk zo vrij en kritisch mogelijk moeten kunnen zijn. Dat we weten wanneer we een kat in de zak kopen en – vooral – dat we keuze hebben in de besteding van onze tijd, dat de cultuur en de omgeving waarin we leven rijk en gevarieerd is en dat de samenleving ons kansen biedt. Dat we, kortom, werkelijk ons geluk kunnen najagen.

Tot slot

Dit essay gaat niet over je eigen bijdrage aan vermindering van consumptie. Dat is met opzet gedaan. Want hoe belangrijk ook de verandering van onze leefstijl en consumptiepatronen is, vermindering van de negatieve effecten ervan is niet enkel een kwestie van 'eigen verantwoordelijkheid'. Ik verbaas me er altijd over dat dezelfde mensen die de werkloosheid en de kansarmoede een gezamenlijke en politieke verantwoordelijkheid noemen, het terugdringen van hyperconsumptie met evenveel gemak naar de privésfeer kunnen verwijzen. Aan de ene kant staan de mensen die alle kaarten zetten op 'consuminderen', op 'vleesloos', 'luxeloos' en niet-hebberig leven.Aan de andere kant staan degenen die bij de eerste kritiek op onze hyperconsumptieve samenleving roepen dat je met 'je rotpoten van hun rotflatscreen hebt af te blijven',[112] of dat je gemakkelijk praten hebt met je 'boven-modale inkomen'.

Wat de onderlinge tegenstanders gemeen hebben is dat zij hyperconsumptie beschouwen als een privéprobleem en niet als een collectieve, politieke kwestie. In dit essay bepleit ik juist om onze gezamelijke hyperconsumptie uit de sfeer van persoonlijke schuld en boete te halen en een voorname plaats te geven in het hart van het politieke debat. Dat betekent niet dat je zelf niets kunt doen. Het helpt om vaker na te gaan hoe en onder welke omstandigheden de artikelen zijn geproduceerd die je wilt kopen. Zoals het ook helpt om korter te douchen, spaarlampen in te draaien, je huis te isoleren, wat vaker de trein te pakken en minder vaak vlees te eten. Het kan ook helpen om gezamenlijk actie te ondernemen en te protesteren tegen bedrijven die met slaven, kinderen of onderbetaalde arbeiders werken. We weten uit het verleden dat consumentenacties of zelfs -boycots effectief kunnen zijn. De consumentenboycot tegen Shell vanwege de steun aan het Zuid-Afrikaanse apartheidsregime en het dictatoriale regime in Nigeria dwong de multinational zijn beleid en imago te veranderen. Een ander voorbeeld is de grote verontwaardiging na de kernproeven in Frans Polynesië, die consumenten omzetten in een weigering Franse wijn te drinken. Uiteindelijk voelde de Franse president Chirac zich gedwongen de proeven definitief stop te zetten. Ook Heineken voelde zich na grote consumentenacties genoodzaakt zich terug te trekken uit Birma. Minder bekend, maar daarom niet minder indrukwekkend is het verzet in tientallen Noord-Amerikaanse stadjes van coalities van bewoners en middenstanders tegen de agressief opererende supermarktgigant Wal-Mart. Zij slaagden erin om vestigingen tegen te houden en daarmee de kleinere detailhandel te bewaren.[113]

Het zijn prachtige voorbeelden van samen optrekkende consumenten die hun macht aanwenden om bedrijven en overheden van hun onverantwoorde gedrag af te helpen. Er zijn echter ook aardige voorbeelden van consumentenmacht waardoor bedrijven juist onder druk werden gezet om nieuwe producten te leveren. In 2002 bestelden tienduizenden mensen via Milieudefensie een potje biologische appelmoes bij Hak, om dat bedrijf te laten zien dat er vraag was naar een niet-bestaand product. Alleen, op het moment dat Hak daadwerkelijk tot productie wilde overgaan, brak de prijzenoorlog in de supermarkten uit en sneuvelde het initiatief. Maar de markt- doorbraak van Max Havelaar-koffie, de chocolade van Tony Chocolonely en de langzame toename van biologische 'huismerken' in supermarkten wijzen erop dat consumenten met zachte druk bedrijven tot verantwoord ondernemen weten te verleiden.

Niet iedereen wordt gelukkig van actievoeren. Maar als dit essay je tot nadenken stemt en je wilt, vooruitlopend op nieuwe verkiezingen, wel zelf wat doen, ga dan eens naar de volgende sites:

www.praktischidealisme.nl. Honderden tips hoe je idealistisch maar ook praktisch kunt consumeren.
www.milieucentraal.nl. Alles over energie en milieu in je dagelijkse leven.
www.weetwatjeeet.nl. Wat zit er op je groente en fruit gespoten? En hoe kun je je supermarkt daarop aanspreken?
www.fairfood.nl. Ook in jouw buurtsupermarkt verschillen veel producten als dag en nacht. Op deze site vind je welke artikelen eerlijk zijn geproduceerd en het milieu weinig belasten.
www.goedevisgids.nl. Vis is lekker. Maar de oceanen raken leeg. Welke vis moet je hebben als je een beetje verantwoord wilt eten?
www.treinreiswinkel.nl. Als je een stedentrip wilt maken. Zeker als je vroeg boekt is het vaak goedkoop, ontspannender dan vliegen en beter voor het milieu.
www.greenwheels.nl. Als je wel eens een auto nodig hebt maar er geen wilt kopen.
www.nietmetmijngeld.nl. Ben je aan het sparen of heb je een hypotheek aangevraagd? Handig om even na te gaan wat de bank doet met je geld.
www.schonekleren.nl. Als je wel eens wilt weten hoe 'schoon' de kleren zijn die je koopt.

Noten

1 Uit het nummer 'Darker with the Day' van de cd *No More Shall We Part*.
2 Robert Reich, geciteerd in: 'Ik wil niet de enige sukkel zijn', in *NRC Handelsblad*, 15 december 2007.
3 'Salariskloof verdrievoudigd', in: *de Volkskrant*, 17 mei 2008.
4 R.H. Frank, *Luxury Fever. Money and Happiness in an Era of Excess*. Princeton University Press, 2000.
5 Zie hiervoor bijvoorbeeld R.B. Reich, *Supercapitalism. The Transformation of Business, Democracy and Everyday Life*. Knopf, 2007; B.R. Barber, *De infantiele consument. Hoe de markt kinderen bederft, volwassenen klein houdt en burgers vertrapt*, Ambo/Manteau, 2007.
6 H. Kunneman, *Voorbij het dikke-ik. Bouwstenen voor een kritisch humanisme*, Humanistics University Press, 2005, p. 264.
7 Persconferentie van president George W. Bush op 20 december 2006, www.whitehouse.gov/news/releases/2006/12/20061220-1.html.
8 Volgens Frank: noot 4.
9 Zie noot 2.
10 A. Hochschild, 'The Chauffeur's Dilemma', in: *The American Prospect*, 19 juni 2005. Via http://www.prospect.org/cs/articles.
11 B. Friedman, *The Moral Consequences of Economic Growth*. Knopf, 2005.
12 Zie noot 3.
13 Zie bijvoorbeeld www.miljonairfair.nl.
14 Zie www.minfin.nl/actueel/nieuwsberichten,2008/03/kabinet-ontmoedigt-excessieve-beloningen.html.
15 Dit zou kunnen door een uitbreiding van de zogenaamde *Code Tabaksblat*, waarvan inmiddels vriend en vijand erkennen dat

deze in de huidige vorm geen remmend effect heeft gehad op de ontwikkeling van de topinkomens. Eerder heeft de Code de groei ervan aangewakkerd, doordat de inkomens openbaar werden, en bestuurders niet bij elkaar wilden achterblijven.

16 Sociaal en Cultureel Planbureau, *Armoedemonitor 2007*. Sociaal en Cultureel Planbureau, 2007.

17 IVA Beleidsonderzoek en Advies, *Huishoudens met risicovolle schulden*. IVA, Tilburg, februari 2007. In opdracht van het ministerie van Sociale Zaken en Werkgelegenheid. Het rapport stelt dat er in Nederland tussen 101.000 en 158.000 huishoudens met problematische schulden zijn. De Nederlandse Vereniging voor Volkskrediet (www.volkskrediet.nl) stelt dat dit aantal wellicht naar boven moet worden bijgesteld. De definitie van problematische schulden luidt dat de maandelijkse rente en aflossing niet op te brengen zijn zonder noodzakelijke uitgaven zoals voedsel en kleding te schrappen.

18 Nederlandse Vereniging voor Volkskrediet.

19 In: *Intermediair*, 15 augustus 2003.

20 F. Hirsch, *Social Limits to Growth*. Routledge & Kegan, 1977.

21 C. Bouw en L. Karsten, *Stadskinderen. Verschillende generaties over de strijd om de ruimte*. Aksant, 2004.

22 In: *Volkskrant magazine*, 24 mei 2008.

23 Zie www.dow.com.

24 'Het kwartje van Kok' verwijst naar de extra accijnsverhoging in 1991 door toenmalig minister van Financiën Kok, met ongeveer een kwartje (in guldens). Door bevriezing van de accijzen in latere jaren is dit kwartje de facto al aan burgers teruggegeven. Dit neemt niet weg dat met name rechtse partijen op gezette tijden 'het kwartje van Kok' terugeisen als onterechte lastenverzwaring voor burgers.

25 Zie *de Volkskrant*, 5 juli 2008, p. 17, waarin wordt verwezen naar een te verschijnen rapport van de Wereldbank.

26 zie www.meatthetruth.nl.

27 Dat blijkt uit onderzoek van de Amerikaanse en Britse wetenschappers Levine en Wiseman. Zie www.richardwiseman.com/quirkology/pace_method.htm.

28 Sociaal en Cultureel Planbureau, *De tijd als spiegel, hoe Nederlanders hun tijd besteden*. Den Haag, oktober 2006, p. 13.

29 Zie noot 28, p. 25.

30 'Wat voor ouders zijn wij?', in: *JLM Ouders*, september 2007, p. 44-50.

31 'Huishoudelijk werk zorgt voor stress', in: *Reformatorisch Dagblad*, 11 maart 1998.

32 'Kinderen vaker chronisch vermoeid', in: *Algemeen Dagblad*, 27 januari 2004.

33 H. Mommaas, 'De stad, de toerist en de cultuur', in: M. Hajer en F. Halsema (red.), *Land in zicht. Een cultuurpolitieke visie*

op de ruimtelijke inrichting, Bert Bakker, 1997.
34 Zoals het beroemde en heel populaire *Orange County* aan de Turkse kust, waar Amsterdam in miniatuur is nagebouwd inclusief grachten, koopmanshuizen, haringkarren en acteurs die zwervers naspelen.
35 M. Jahoda, P.F. Lazarsfeld en H. Zeisel, *Die Arbeitslosen von Marienthal*. Suhrkamp, 1975.
36 P. van Echtelt en S. Hoff, *Wel of niet aan het werk. Achtergronden van het onbenut arbeidspotentieel onder werkenden, werklozen en arbeidsongeschikten*. Sociaal en Cultureel Planbureau, 2008.
37 Centraal Bureau voor de Statistiek, *Bevolkingstrends. Statistisch kwartaalblad over de bevolkingstrends in Nederland*. Jaargang 53, 4de kwartaal 2005, p. 12. Centraal Bureau voor de Statistiek.
38 Zie www.cbs.nl/nl-nl/menu/themas/dossiers/allochtonen/publicaties/artikelen/archief/2008/2008-019-pb.htm.
39 Centraal Bureau voor de Statistiek, *Landelijke Jeugdmonitor. Rapportage 1e kwartaal 2008*. Centraal Bureau voor de Statistiek.
40 Centraal Bureau voor de Statistiek, *De Nederlandse samenleving 2007*. Centraal Bureau voor de Statistiek.
41 Randstad-werkmonitor, uitgevoerd door Blauw Research, Rotterdam, augustus 2007.
42 Sociaal en Cultureel Planbureau, *Sociaal en Cultureel Rapport 2004*, 25 oktober 2004. Zie ook www.scp.nl/publicaties/persberichten/9037701590-hoofdstuk6.shtml.
43 Dit wordt ook wel de 'wet van Baumol' genoemd, zie nl.wikipedia.org/wet_van_Baumol.
44 'Casse-toi alors, pauvre con', 23 februari 2008, www.youtube.com.
45 *Korte Lontjes*, aflevering 1, 19 juli 2007. Zie ook www.ncrv.nl/ncrv?nav=alqzyCsHtGATmKnJwsBftB.
46 J. Koelewijn, in: *NRC Handelsblad*, 31 december 2007.
47 P. van Os, 'De gijzeling in de Rembrandttoren', in: Sarah Meuleman en Menno van der Veen (red.), *Moralitijd. Nieuwe generatie, nieuwe moraal*, Van Gennep, 2008.
48 'Zolang Mikey het thuis niet doet', in: *Algemeen Dagblad*, 16 februari 2007.
49 'Land van korte lontjes', in: *Intermediair*, 15 november 2005.
50 *Intermediair*, noot 49.
51 Inbreng van Agema tijdens debat over het werk van verloskundigen in achterstandswijken op 6 maart 2008. Voor de volledige tekst van de inbreng zie www.pvv.nl/index.
52 In Van Os, zie noot 47.
53 Zie bijvoorbeeld 'Brief van de minister-president aan de Tweede Kamer met de kabinetsreactie op het WRR-rapport *Waarden, normen en de last van het gedrag*', 5 maart 2004.
54 In: *Intermediair*, noot 49.
55 Mogelijk omdat de premier – ondanks zijn cultuurkritiek –

juist een protagonist is van de consumptiecultuur, in de veronderstelling (evenals president Bush) dat consumptiestijging een voorwaarde is voor welvaartsbehoud.

56 Kunneman, zie noot 6.

57 Zoals geciteerd in een opiniebijdrage van Cyrille Offermans in *NRC Handelsblad*, 23 december 2004.

58 www.intermediair.nl/artikel.jsp?id=190406.

59 Kunneman, p. 260, zie noot 6.

60 J.D. de Jong, *Kapot moeilijk. Een etnografisch onderzoek naar opvallend delinquent groepsgedrag van 'Marokkaanse' jongens*. Aksant, 2007. Zie ook F. van Gemert en J.D. de Jong, 'Marokkaanse probleemjongens: fun en een gebrek aan inlevingsvermogen', www.regioplan.nl/gfx/content/artikel_trouw_fun1.pdf.

61 A. White, 'A global projection of subjective well-being: a challenge to positive psychology', in: *Psychtalk* 56, 17-20.

62 R. Layard, *Happiness. Lessons from a New Science*. The Penguin Press, 2005.

63 R. Veenhoven, *World Database of Happiness*. Erasmus University Rotterdam. Zie ook worlddatabaseofhappiness.eur.nl; R. Veenhoven, 'The Four Qualities of Life. Ordering concepts and the measures of the good life', in: *Journal of Happiness Studies*, 2000, vol. 1, p. 1-39.

64 Zie noot 61.

65 Het bruto nationaal product is het totale inkomen van de staatsburgers van een land, ongeacht of ze daar of in het buitenland werken. Het bruto binnenlands product is het totale inkomen van mensen in een land.

66 www.eoearth.org/article/exxon_valdez_oil_spill.

67 Zie hiervoor: *Kwartaalbericht juni 2008* van De Nederlandsche Bank: www.dnb.nl.

68 Zie www.voedselbank.nl.

69 A. Rinnooy Kan, 'Zuinig op Nederland', in: *Hofstadlezing 2008*. SER, http://www.ser.nl/.

70 *Stern Review* is te vinden op: http://www.hm-treasury.gov.uk/independent_reviews/stern_review_economics_climate_change/sternreview_index.cfm.

71 W. Duyvendak en F. Halsema, *Ekonomie, inspiratie voor groene innovatie*. Zie ook www.groenlinks.nl/greenvalley.

72 B. Snels, 'Groen en links groeibeleid', in: *Politieke visies op innovatie*. Innovatieplatform, 2005.

73 Zie Snels, noot 72.

74 Zie Layard, noot 62, p. 33.

75 Zie hiervoor 'De stellingen van Layard', interview in: *NRC Handelsblad*, 22 april 2006.

76 New Economics Foundation, 'The European (Un)happy Planet Index', www.happyplanetindex.org.

77 Hiervoor hanteren zij de meeteenheid van de 'ecologische

voetafdruk', die weergeeft hoeveel biologisch productieve grond- en wateroppervlakte een bepaalde bevolkingsgroep in een jaar gebruikt om zijn consumptieniveau te kunnen handhaven en zijn afvalproductie te kunnen verwerken. Het gaat om een hypothetisch getal, gemeten in mondiale hectares. Zie nl.wikipedia.org/wiki/ecologische_voetafdruk.

78 Zie www.economischegroei.net.

79 Zie hiervoor de inbreng van de minister van Financiën tijdens de *Financiële Beschouwingen 2008*: Handelingen 2007-2008, nr. 8, Tweede Kamer, p. 480-519. In de *Macro Economische Verkenningen 2008* heeft het Centraal Planbureau in de bijlage ook een verhandeling opgenomen over geluk en economie. Ook hier worden geen beleidsgevolgen aan gegeven. www.cpb.nl/nl/pub/cepmev/mev/.

80 Zie www.rediff.com/money/2008/jan/09sen.htm.

81 'Ze zijn niet toe aan individualisering', in: *de Volkskrant*, 2 juni 2007.

82 J.P. Balkenende, *Anders en beter. Pleidooi voor een andere aanpak in de politiek vanuit een Christen-democratische visie op de samenleving, overheid en politiek*. Aspekt, 2002, p. 67.

83 P. de Beer, 'Individualisering zit tussen de oren', in: J.W. Duyvendak en M. Hurenkamp, *Kiezen voor de kudde. Lichte gemeenschappen en de nieuwe meerderheid*. Van Gennep, 2004, p. 18-36.

84 L. Kosters en F. Otten, 'Krappe beurs als erfenis?', in: *Sociaal Economische Trends*, 3de kwartaal 2007, Centraal Bureau voor de Statistiek, www.cbs.nl/.

85 A. Krouwel, 'De kiezer zweeft stabiel', in: Duyvendak en Hurenkamp, noot 83.

86 M. Elchardus, *De dramademocratie*. Lannoo, 2002, p. 56.

87 J. van der Lans en A. Verbij, 'Manifest voor de jaren zeventig', www.josvdlans.nl/jaren70/manifest.html.

88 Van der Lans en Verbij, noot 87.

89 Zie hiervoor de aflevering 'De VVD van Nijpels' van het programma *Andere Tijden*, uitgezonden door de VPRO op 15 februari 2007. Zie geschiedenis.vpro.nl.

90 www.jordanindividual.nl.

91 Charles Murray, *Losing Ground. American Social Policy, 1950-1980*. 10th Anniversary Edition, Basic Books, 1994.

92 Zie bijvoorbeeld Th. Dalrymple, *Leven aan de onderkant. Het systeem dat de onderklasse in stand houdt*. Spectrum, 2004.

93 Zie hiervoor bijvoorbeeld de nota 'Vrijheid eerlijk delen', die ik samen met Ineke van Gent heb geschreven. Zie www.groenlinks.nl.

94 De regering heeft het voorstel gedaan om jonge moeders vrij te stellen van de sollicitatieplicht totdat de kinderen zes jaar zijn. De SP wil deze ontheffing zelfs verruimen tot het twaalfde levensjaar van de kinderen. Op de achtergrond hiervan spelen traditionele opvattingen over de noodzakelijke aanwezigheid van de moeders thuis bij de kinderen.

95 A.O. Hirschman, *Exit, Voice and Loyalty. Responses to Decline of Firms, Organizations and States*. Harvard University Press, 2007.
96 Sociaal en Cultureel Planbureau, *Continu Onderzoek Burgerperspectieven*. Kwartaalbericht 2008/1. Den Haag, 2008.
97 *Verslag van de Nationale Ombudsman over 2007*, Tweede Kamer, vergaderjaar 2007-2008, 31 363, nrs. 1-2, p. 28.
98 Geciteerd door M. ten Hooven, 'Het zorgenkindje van links', in: *Vrij Nederland*, 28 juli 2007.
99 F. Savater, *De moed om te kiezen. Een filosofie van de vrijheid*. Bijleveld, 2005, p. 136.
100 J. v.d. Lans, *Ontregelen. De herovering van de werkvloer*. Augustus, 2008, p. 5-6.
101 Raad van State, *Jaarverslag 2005*, Den Haag, 2005, p. 31. Zie ook de jaarverslagen van 2006 en 2007.
102 Zie noot 101, p. 28.
103 Commissie Parlementair Onderzoek Onderwijsvernieuwingen, *Tijd voor onderwijs*. SDU, 2008, Tweede Kamer-vergaderjaar 2007-2008, 31 007, nr. 6.
104 E. Tonkens, *Mondige burgers, getemde professionals*. NIZW, 2004.
105 Outputfinanciering wil zeggen dat de financiering afhankelijk is van de geleverde 'output'. Als een reclasseringsmedewerker er bijvoorbeeld in slaagt om een jongere op het rechte pad te krijgen en voor een bepaalde tijd te houden, dan is dat 'output'.
106 K. Schuyt en M. Kommer, *Niet bij straf alleen. De spanning tussen idealisme en realisme in het reclasseringswerk*. Amsterdam University Press, 1998.
107 Zie noot 57.
108 Zie noot 97, p. 24.
109 Zie noot 101. *Jaarverslag 2006*, p. 29.
110 Zie noot 100, p. 116.
111 In de huidige definitie van het emu-saldo: zie www.cpb.nl.
112 Zie Sylvain Ephimenco in: *Trouw*, 27 mei 2008.
113 Deze en andere Amerikaanse consumentenacties zijn uitgebreid beschreven in: N. Klein, *No Logo*. Flamingo, 2001.

Verantwoording

Dit boek werd het afgelopen halfjaar veel mensen een doorn in het oog. Hopeloos als ik ben met deadlines, veranderde ook de probleemstelling talloze keren, net als de indeling en de inhoud. Ik bedank al diegenen die geduld met me hebben gehad.

In het bijzonder bedank ik mijn medewerkers voor de grote hoeveelheid feiten en kennis die zij hebben aangereikt: Erik Ackerman, Olof van der Gaag, Christel Kohlman, Tom van der Lee, Saeda Moorman, Pim Raaijmakers, Mathilde Streefkerk en Joris Wijnhoven. Bart Snels, directeur van het wetenschappelijke bureau van GroenLinks, heeft niet alleen zijn boeken en werkkamer aan me uitgeleend, maar ook en vooral zijn scherpzinnige geest. Hij haalde het 'Orloff-beraad' bij elkaar. Tegenover hen excuseer ik me omdat hun commentaar op een eerste ruwe versie mij zo veel (denk)werk opleverde dat uiteindelijk de tijd ontbrak om het eindresultaat te bespreken. De fractie en het fractiebestuur zijn altijd bereid tot commentaar en mijn collega's hebben mij vrijgespeeld door debat na debat van me over te nemen. De GroenLinks-klankbordgroep en het Strategisch Beraad plaatsten mij tussentijds weer stevig met beide benen op de Nederlandse grond. Olga Fles bedank ik voor haar liefdevolle commentaar, Irma Boom voor haar mooie ontwerp en Job Lisman voor zijn prettige eindredactie.

Maar bovenal ben ik Robert dankbaar, ook (maar niet alleen) voor de weekenden dat hij de kinderen meenam naar opa en oma zodat ik aan schrijven en missen toekwam.